Apr. 5, 2011

Collins

Polish

Phrasebook
and Dictionary

Polish Phrasebook and Dictionary

Consultant: Magdalena Herok
Photography: Dariusz Zaród
Photoagency.com.pl

Other languages in the
Collins Phrasebook and Dictionary series:
French, German, Greek, Italian, Japanese,
Mandarin, Portuguese, Spanish, Turkish.

HarperCollins Publishers
Westerhill Road, Bishopbriggs,
Glasgow G64 2QT

www.collinslanguage.com

First published 2008

Reprint 10 9 8 7 6 5 4 3 2 1 0

© HarperCollins Publishers 2008

ISBN 978-0-00-726462-9

Typeset by Davidson Pre-Press Graphics Ltd,
Glasgow

Printed in Malaysia by Imago

Contents

3

Your *Collins Polish Phrasebook and Dictionary* is a handy, quick-reference guide that will help make the most of your stay abroad. Its clear layout will save valuable time when you need that crucial word or phrase. Download free all the essential words and phrases you need to get by from www.collinslanguage.com/talk60. These hour long audio files are ideal for practising listening comprehension and pronunciation. The main sections in this book are:

Everyday Poland – photoguide

Packed full of photos, this section allows you to see all the practical visual information that will help with using cash machines, driving on motorways, reading signs, etc.

Phrases

Practical topics are arranged thematically with an opening section, Key talk containing vital phrases that should stand you in good stead in most situations. Phrases are short, useful and each one has a pronunciation guide so that there is no problem saying them.

Eating out

This section contains phrases for ordering food and drink (and special requirements) plus a photoguide showing different places to eat, menus and practical information to help choose the best options. The menu reader allows you to work out what to choose.

Grammar

There is a short Grammar section explaining how the language works.

Dictionary

And finally, the practical 5000-word English–Polish and Polish–English Dictionary means that you won't be stuck for words.

So, just flick through the pages to find the information you need and listen to the free audio download to improve your pronunciation.

Useful websites:

Accommodation
www.abouthotel.com
www.agritourism.pl
www.poland-tourism.pl
www.staypoland.com
www.venere.com

Culture & Activities
www.karnet.krakow2000.pl
  (Cultural Information Centre)
www.poland-tourism.pl

Currency Converters
www.x-rates.com

Driving
www.drivingabroad.co.uk

Facts
www.cia.gov/library/publication
  s/the world factbook

Foreign Office Advice
www.fco.gov.uk/travel
www.dfat.gov.au (Australia)
www.voyage.gc.ca (Canada)

Health advice
www.dh.gov.uk/travellers
www.thetraveldoctor.com
www.smartraveller.gov.au
  (Australia)
www.phac-aspc.gc.ca (Canada)

Internet Cafés
www.cybercafes.com

Passport Office
www.ukpa.gov.uk
www.passports.gov.au
  (Australia)
www.pptc.gc.ca (Canada)

Pets
www.defra.gov.uk/animalh/
  quarantine

Sightseeing
www.visitpoland.org

Transport
www.europeanrailguide.com
www.polferries.com.pl
www.polrail.com
www.polish-airports.com

Weather
www.bbc.co.uk/weather

Pronouncing Polish

Spelling and pronouncing Polish is not difficult once you know a few basic rules. This book has been designed so that as you read the pronunciation of the phrases, you can follow the Polish too. This will help you recognize how Polish is pronounced and give you a feeling for the rhythm of the language. Here are five simple rules to follow:

1 Some letters are marked with additional signs above or below them to indicate different pronunciation: ą, ć, ę, ę, ł, ń, ó, ś, ż and ż.

Polish	sounds like		example pronunciation
ą	**on**	sąd	s**on**d (in the middle of the word)
	ow	są	s**ow** (at the end of the word) (similar pronunciation)
ć/cz/ci	**ch**	ćma	**ch**ma
		czek	**ch**ek
		ciemno	**che**mno
ę	**en**	ręka	r**en**ka (in the middle of the word)
	e	będę	bend**e** (at the end of the word)
ł	**w**	ładne	**w**adne
ń/ni	**ny**	niebo	**ny**ebo
ó = u	**oo**	bóg	b**oo**k
ś/si	**sh**	śmiech	**sh**mieh (similar pronunciation)
ź/ż/zi	**zh**	żona	**zh**ona
		zima	**zh**eema
		źle	**zh**le

6

2 These consonants are pronounced differently in Polish than they are in English:

Polish	sounds like		example pronunciation
c	**ts**	cena	**ts**ena
ch = h	**h**	chałwa	**h**awwa
j	**y**	jestem	**y**estem
r (strong)	**r**	rower	**r**over
w	**v**	wino	**v**eeno

3 The consonants below are represented by two letters, but make just one sound:

Polish	sounds like		example pronunciation
cz	**ch**	czek	**ch**ek
sz	**sh**	szal	**sh**al
rz	**zh**	rzeka	**zh**eka
dz	**dz**	dzwon	**dz**von
dź	**dj**	dźwig	**dj**veek
dż	**dj**	dżem	**dj**em

4 The above consonants may appear in groups which don't exist in English, but are very typical in Polish, for example:

Polish	sounds like		example pronunciation
szcz	**shch**	Szczecin	**shch**echeen
prz	**psh**	przepraszam	**psh**ehprahsham
ść	**shch**	część	che**shch**
trz	**tsh**	trzy	**tsh**i

5 The remaining consonants: b, d, g, h, k, l, m, n, p, s, t, z are pronounced almost as in English. However, at the end of a word or when together with certain voiceless consonants, the pronunciation of some voiced consonants changes into their

voiceless counterparts, for example b, d, g, w, z, ż and rz
change into p, t, k, f, s and sh (for both ż and rz), respectively.

Spelling	Pronunciation
klub	kloop
ślad	shlat
bóg	book
kwiat	kfyat
wóz	voos
też	tesh
lekarz	lekash

Stress usually falls on the second-to-last syllable. We have indicated
the stressed syllable by using bold in the pronunciation of the
words.

Everyday photoguide

Everyday Poland

This sign can often be found in public parks and in green areas (literally meaning 'respect the greenery').

Caution Vehicles

Wejście means 'entrance' and **wyjście** means 'exit'.

UWAGA ROBOTY BUDOWLANE

Caution Construction Work

Checkout Queue This Way The word for 'cash desk' is **kasa** (clearly indicated in shops and supermarkets).

Zapraszamy do zwiedzenia Wieży Mariackiej
01.05-30.09

wtorek	9.00 - 11.30 i 13.00 - 17.30
czwartek	9.00 - 11.30 i 13.00 - 17.30
sobota	9.00 - 11.30 i 13.00 - 17.30

W dniu 1-2 . 05. zwiedzanie bezpłatne

Opening Hours
wtorek = Tuesday
czwartek = Thursday
sobota = Saturday
zwiedzanie bezłatne = free entry

Mind The Steps

TEREN LOTNISKA WSTĘP WZBRONIONY

Airport Area Keep Out No Entry

Przejście drugą stroną ulicy

Use Other Side Of The Street

Ticket Office is
kasa biletowa
ka-sa bee-le-**to**-va.
**PKP (Polskie
Koleje Państwowe)**
is the state-owned
Polish rail network.

Banks are usually open from 9am to
5/6pm on weekdays, and until lunchtime
on Saturdays. The currency is the Polish
złoty and **grosz** (pence). The złoty **zwo**-ti
(PLN) breaks down into 100 groszy **gro**-shi.
The following notes (**banknoty**) are
available: 10 PLN, 20 PLN, 50 PLN,
100 PLN, 200 PLN. Available coins (**monety**):
1 gr, 2 gr, 5 gr, 10 gr, 20 gr, 50 gr, 1 PLN,
2 PLN, 5 PLN.

**Currency Exchange
Office** These are
numerous and tend
to have a better
exchange rate than
banks. Opening
hours are usually
longer than banks.

**Solicitors
Legal Advice
Property Advice**

**Cash Machine
(bankomat)** is the
easiest way to draw
out money. These can
be found in town
centres, at banks and
in the proximity of
train stations. They
always show the
types of credit cards
accepted, and have
an option to choose
instructions in
English.

Post Box Postboxes are red and emptied once a day in rural areas and up to four times a day in towns and cities. Post offices open weekdays 8am–5pm (7/8pm in larger towns) and Saturdays til early afternoon.

These kiosks sell newspapers and magazines (no foreign papers though), cosmetics, cigarettes, drinks, postcards, small souvenirs, gifts and sometimes stamps. Foreign papers can be found in bookshops called **EMPIK**, or in kiosks at good hotels.

Post Office Logo

Municipal Guards These guards (traffic wardens) supervise parking in town centres. They can clamp incorrectly parked vehicles or impose a fine.

The word **prasa** 'press' is very commonly used for newsagents.

Lottery Ticket

Wystawa czasowa

Bilet ulgowy 10 zł.   Nr 090742

Museum Ticket
Wystawa czasowa stands for 'temporary exhibition'. **Wystawa stała** is a permanent exhibition. **Bilet ulgowy** is a reduced price ticket and it always requires the presentation of a discount ID, e.g. a student card.

Teatr im. Juliusza Słowackiego w Krakowie
Plac Św. Ducha 1

**Biuro Informacji
i Rezerwacji Biletów**

poniedziałek–piątek 9.00–17.00

Information And Ticket Booking Office
This office is for the **Juliusz Słowacki teatr** (**te**-atr) 'theatre', one of the most renowned in the country.

Cyfrowe zdjęcia do dokumentów w 5 minut
13 zł
foto

Photographers where passport-sized photographs can be made while you wait.

••• **KINOTEKA** •••

Data: 2007-05-26   Godzina: 17:10   SALA 3
Film: Przypadek Harolda Cricka
Bilet K-K   Cena: 13,00 z   VAT: 7 %
Rząd: 9   Miejsce: 8   Numer biletu: 1489906

Cinema Ticket Tickets can usually be booked in advance, just ask at the ticket office. **Godzina** is the time of showing, **Sala** the screen number, **Rząd** and **Miejsce** are the row and seat numbers.

No Smoking Smoking is not permitted in enclosed public spaces and allowed only in designated areas of bars and restaurants. Long-distance trains have smoking and non-smoking carriages. Reservations are usually made in advance, allowing you to choose a smoking or non-smoking seat.

Pharmacy
Apteka (ap-**te**-ka).
These are wide-spread and offer a good variety of both Polish and foreign products. Some are available over the counter and others require a doctor's prescription. Many pharmacies accept foreign credit cards, however be prepared to have cash on you.

Public Toilet A small fee is usually required, payable to the attendant on duty. Some public toilets are also equipped with showers. Carry some tissues with you as toilet paper may not always be available. The word for toilet is **toaleta**, or **toalety**. Gents' toilet is **toaleta męska**, and Ladies' toilet is **toaleta damska**. Gents' toilets are often identified with a triangle sign, and Ladies' toilets with a circle.

Tourist Information

Opening Hours are usually from 10am–6.30pm, Monday to Friday, with shorter hours on Saturday. However, many food stores open from early morning (6/7am) til late at night during the week. Smaller food stores can be open 24 hours a day. The word for 'open' is **otwarte** or **czynne**, for 'closed' its **zamknięte** or **nieczynne**.

Timestables

dzień	djen	Days
poniedziałek	po-nye-**dja**-wek	Monday
wtorek	**fto**-rek	Tuesday
środa	**shro**-da	Wednesday
czwartek	**chfar**-tek	Thursday
piątek	**pyon**-tek	Friday
sobota	so-**bo**-ta	Saturday
niedziela	nye-**dje**-la	Sunday

STACJA WARSZAWA WSCHODNIA
STACJA WARSZAWA CENTRALNA
STACJA WARSZAWA ZACHODNIA

ODJAZDY / DEPARTURES

Rozkład jazdy ważny
od 10 grudnia 2006
do 8 grudnia 2007

Train Timetable Train timetables in larger towns usually show the words **przyjazdu** 'arrivals' and **odjazdu** 'departures' in both Polish and English. The words **Godzina odjazdu/przyjazdu pociągu** indicate the train departure/arrival times.

miesiąc	**mye**-shonts	Months
styczeń	**sti**-chenh	January
luty	**loo**-ti	February
marzec	**ma**-zhets	March
kwiecień	**kfye**-chen	April
maj	may	May
czerwiec	**cher**-vyets	June
lipiec	**lee**-pyets	July
sierpień	**sher**-pyen	August
wrzesień	**vzhe**-shen	September
październik	pazh-**djer**-neek	October
listopad	lees-**to**-pat	November
grudzień	**groo**-djen	December

Bus Timetable
Stop is **przystanek**.
Dzień powszedni
is weekday timetable.
Weekends are
shown under
soboty (Saturdays)
and **niedziele i
święta** (Sundays
and bank holidays).

Tickets

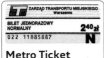

Ticket Validating Machine for the Metro. The word **jednorazowy** (yed-no-ra-**zo**-vi) on any ticket means one way, while **powrotny** (pov-**rot**-ni) stands for return. **Ulgowy** (ool-**go**-vi) means discounted, and **normalny** (nor **mal**-ni) means full priced.

Rail Ticket These are validated on board by the conductor. Keep handy any discount ID (e.g. student card). Discounts are available for students, the disabled and their carers, as well as pensioners.

Bus Ticket The word for ticket is **bilet** (bee-let). Bus and tram tickets have one for one-way or two arrows for return. Validate these in the punching machine onboard in the direction of the arrow. **Bilet jednorazowy ulgowy lokalny** is a one-way, reduced-price ticket for a local journey, usually within city limits. Discounts are available upon presentation of relevant ID.

Metro Ticket This is a one-way full-price ticket – **jednorazowy normalny**.

Getting around

Ulica (oo-**lee**-tsa) means 'street'; often abbreviated to **ul.**

Brown roadsigns indicate places of interest (similar to those in the UK).

Tourist offices in town centres offer a wide array of information on the town and surrounding areas. Street maps are available in town centres. On these maps
Tu jesteś (too **yes**-tesh) = You are here
Centrum (**tzen**-troom) = town centre
Muzeum (moo-**ze**-oom) = museum.

TERMINAL
ODLOTY-PRZYLOTY
DEPARTURE-ARRIVAL

Signs at airports (**lotnisko**) are usually in Polish and English. Most airports provide shuttle buses to town centres. There will be a taxi rank at the airport entrance.

Bus Stop The sign will give the name and number of the street as well as the numbers of bus lines that stop there. The words **Na żądanie**, mean 'Upon request' and indicate that the bus lines in question do not stop there as a rule, unless a passenger travelling on that bus wishes to get off at this stop. The timetables for the bus lines are displayed below the main stop sign.

In cities you can buy bus and tram tickets from kiosks, some post offices and some bus drivers. Prices vary depending on the distance travelled (within or outside city limits). You must validate tickets by punching them in the machine on board.

You can either hail a taxi or call a taxi firm. A taxi rank **postój** (**po**-stooy) is normally indicated with a blue taxi sign. Taxi phone numbers can be found in local papers, tourist information centres or displayed on the vehicles. Payment is by cash only. Fares are usually higher at night.

Arrivals = **przyjazdy** (pshi-**yaz**-di)
The word for platform is **peron** (**pe**-ron).

Departures = **odjazdy** (od-**yaz**-di).

Metro Station

The only city with a metro system is Warsaw. You pay a flat rate for each journey. Save by buying a one-day ticket, or a ticket valid for a few days. For single journeys it is practical to obtain a larger number of tickets, for instance, a booklet of 10.

Driving

No Parking You will see other parking signs in towns which indicate parking is allowed on pavements, with 2 wheels or all 4 wheels.

Strzeżony (stzhe-**zho**-ni) means 'supervised' and **całodobowy** (tsa-wo-do-**bo**-vi) stands for '24-hour'.

Parking Ticket Display these clearly. **Kwit** means 'receipt'. **Nr rej.** is abbreviation for **numer rejestracji** 'registration number' and **należność** is the fee due.

24 Hour Services
Myjnia (**miy**-nya) = car wash;
Serwis = car service
Simple repair services are available at larger stations.

Parking Meter In town centres, parking fees are paid to parking attendants or at the automated machines. Multi-storey car parks are only available in some city centres. The green button **akceptuj** means 'accept', the red button **anuluj** means 'cancel', and the blue button **karta** means 'by card'.

Petrol Leaded petrol is still available and LPG gas can be purchased at certain stations. The majority of service stations accept credit card payments but there are only a few where you can pay at the pump. Petrol is **benzyna** (ben-**zi**-na). Unleaded is **bezołowiowa** (bez-o-wo-**vyo**-va). Unleaded pumps are green, diesel are black or yellow.

Motorway Sign These are always blue. **Autostrada** (aw-to-**stra**-da) means motorway. Red routes indicate national road numbers. Green routes are classified international motorways. Speed limits in Poland are 50 km/h (30) in built up areas, 90 km/h (56) on main roads, 110 km/h (68) on dual-carriageway roads, and 130 km/h (80) on motorways.

Toll Ticket

Toll Road

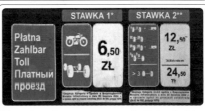

There is only one motorway in Poland, the A4, and the stretch between Katowice and Kraków is a toll road **Płatna** (**pwat**-na). Payment is made twice, upon entry and exit off the motorway. Currently this amounts to a total of 13 PLN for passenger cars, thus 6,50 PLN at each toll station.

Shopping

Souvenir Shop Pamiątki (pa-**myont**-kee) means 'souvenirs'. Popular Polish souvenirs are amber jewellery and figurines. These are plentiful in seaside towns but also available from good souvenir shops in cities. Other gifts include: crystal, silver jewellery, wooden folk-style souvenirs such as boxes and toys, hand-painted Christmas decorations and stained-glass ornaments.

Discount Obniżka cen (ob-**neesh**-ka tsen), **promocja** (pro-**mo**-tsya), and **przecena** (pshe-**tse**-na) all mean discounts or lower prices. **Wyprzedaż** (vip-**she**-dash) means sale. These are usually at the end of summer and winter seasons.

Bread Chleb (hlep) is usually sold as large, unsliced loaves which bakers will slice on request. White bread is virtually unknown in Poland.

Cheese Owcze means 'sheep's'. This cheese is made traditionally in the mountains of south Poland. **Cena** (tse-na) means 'price'. The cheeses in this picture cost 6 and 5 zlotys. **Zł** is the abbreviation most commonly used for **zloty** when displaying prices.

Weekly markets are organized in smaller towns and rural areas, but also often in larger town centres; these are the cheapest places to buy fresh vegetables, fruit, bread and dairy products.

Milk Mleko Cartons are usually colour-coded, green is skimmed, yellow semi-skimmed, and red is full fat. Fat content is shown as a percentage on the packaging.

Sausages are considered typically Polish, and there are plenty of varieties. The smoked sausage shown can be eaten cold, in slices, or with bread. The word for 'sausage' is **kiełbasa** (kyew-ba-sa).

Ham szynka (shin-ka) is one of Poland's favourite foods, very popular in sandwiches, etc., smoked or boiled. It's hung like this at the butcher's and you ask for some to be sliced off.

Cakes A selection of traditional Easter cakes, in a pastry basket, covered with icing sugar. Polish people often bake cakes like these for special occasions.

Keeping in touch

Post Office

Most post offices offer fax services for a small fee. Internet connection is not available here. They are never included within other shops and are advertised with the word **poczta** (**poch**-ta) and the golden trumpet logo.

Cybercafés kawiarenka internetowa (ka-vya-**ren**-ka een-ter-ne-**to**-va). These are mainly in larger towns. Only large, modern libraries are equipped with internet facilities. Cybercafés charge a small fee, usually 4-5 PLN an hour. You can print a document for a small charge. The most popular search engine is **www.google.pl**, and among the best-known portals are: **www.onet.pl** and **www.wirtualnapolska.pl**

Public phones Phone cards can be purchased at post offices, kiosks and petrol stations. A card called **Teleświat** to the value of 10, 15, 25 or 50 PLN is available from post offices. Using this you can make very low-cost phone calls to landlines in the UK, Canada or the US. Other cheap options include: **Telegrosik**, **Telepin**, **Papuga**, **Telerabat** and **Onettelefon**. It is best to enquire at the post office, stating which country you want to call, and the clerk will help you choose the appropriate card.

Key talk

Key talk

• •

• Polish people can be quite formal in their greeting. If you don't know someone well, the best greeting to use is **dzień dobry** literally 'good day'. This is what you should use if you are unsure how formal to be. **Cześć** is used among family and friends.
• There are two forms of address in Polish: formal **pan/pani** 'Mr/Mrs' and informal **ty**. You should always use the formal until you are invited to use the informal.
• Unlike English, surnames (eg. 'Mr Brown') are not used as a formal form of address.
• Many Polish people speak English, especially young people.

yes	tak	
	tak	
no	nie	
	n ye	
that's fine	w porządku	
	v po-**zhond**-koo	
please	proszę	
	pro-she	
yes, please	tak, proszę	
	tak, **pro** she	
no, thanks	nie, dziękuję	
	n ye, djen-**koo**-ye	
OK!	dobrze!	
	do-bzhe!	
thank you (very much)	dziękuję (bardzo)	
	djen-**koo**-ye (**bar**-dzo)	

you're welcome!	proszę (bardzo)!
	pro-she (**bar**-dzo)!
hello	dzień dobry/cześć
	djen **do**-bri/cheschch
goodbye	do widzenia
	do vee-**dze**-nya
hi/bye	cześć
	cheshch
good morning	dzień dobry
	djen **do**-bri
good afternoon	dzień dobry
	djen **do**-bri
good evening	dobry wieczór
	do-bri **vye**-choor
good night	dobranoc
	do-**bra**-nots
see you later	do zobaczenia!
	do zo-ba-**che**-nya!
see you tomorrow	do jutra
	do **yoo**-tra

• When trying to get past someone in a crowded place, say **przepraszam** 'excuse me'. The same word is used to apologize for something, as in 'I'm sorry'.

excuse me!/sorry!	przepraszam/przykro mi!
	pshe-**pra**-sham/**pshi**-kro mee!
excuse me! (to get past in a crowd)	przepraszam
	pshe-**pra**-sham
beg your pardon?	słucham?
	swoo-ham?

• The easiest way to ask for something is to name it and add **proszę** 'please'.

| a coffee please | proszę kawę |
| | **pro**-she **ka**-ve |

two coffees please	proszę dwie kawy
	pro-she dvye **ka**-vi
a beer please	proszę piwo
	pro-she **pee**-vo
two beers please	proszę dwa piwa
	pro-she dva **pee**-va
a coffee and two beers please	proszę kawę i dwa piwa
	pro-she **ka**-ve ee dva **pee**-va
I'd like...	p(op)roszę (o)...
	p(op)ro-she (o)...
we'd like... (in a restaurant)	p(op)rosimy (o)...
	p(op)ro-**shee**-mi (o)...
I'd like an ice-cream	p(op)roszę (o) lody/lody proszę
	p(op)ro-she (o) **lo**-di
we'd like to visit... (place)	chcielibyśmy zwiedzić...
	hchye-lee-**bish**-mi **zvye**-dzeech...
do you have...?	czy jest...?
	chi yest...?
do you have any milk?	czy jest mleko?
	chi yest **mle**-ko?
do you have any stamps?	czy są znaczki?
	chi sow **znach**-kee?
do you have a map?	czy jest mapa?
	chi yest **ma**-pa?
do you have any cheese?	czy jest ser?
	chi yest ser?
how much...?	ile...?
	ee-le...?
how much is it?	ile to kosztuje?
	ee-le to kosh-**too**-ye?
how much does it cost?	ile to kosztuje?
	ee-le to kosh-**too**-ye?
how much is the cheese?	ile kosztuje ser?
	ee-le kosh-**too**-ye ser?
how much is a ticket?	ile kosztuje bilet?
	ee-le kosh-**too**-ye **bee**-let?

how much is a kilo?	ile kosztuje kilo?
	ee-le kosh-**too**-ye **kee**-lo?
how much is each one?	ile kosztuje jeden?
	ee-le kosh-**too**-ye yeden?
where is...?	gdzie jest...?
	gdje yest...?
where are...?	gdzie są...?
	gdje sow...?
where is the station?	gdzie jest stacja?
	gdje yest **sta**-tzya?
where are the toilets?	gdzie są toalety?
	gdje sow to-a-**le**-ti?
is there?	czy jest?
	chi yest?
are there?	czy są?
	chi sow?
is there a restaurant?	czy jest restauracja?
	chi yest re-stau-**ra**-tsya?
where is there a chemist?	gdzie jest apteka?
	gdje yest ap-**te**-ka?
is there a swimming pool?	czy jest tu basen/pływalnia?
	chi yest too **ba**-sen/pwi-**val**-nya?
there is...	jest...
	yest...
there are...	są...
	sow...
there is no hot water	nie ma gorącej wody
	nye ma go-**ron**-tzey **vo**-di
there are no towels	nie ma ręczników
	nye ma ren-**chnee**-koof
there isn't...	nie ma...
	nye ma...
there aren't any...	nie ma...
	nye ma...
I need...	muszę.../potrzebuję...
	moo-she.../pot-zhe-**boo**-ye...

I need a taxi	potrzebuję taksówkę
	pot-zhe-**boo**-ye tak-**soof**-ke
I need to send a fax	muszę wysłać faks
	moo-she **vi**-swach fax
can I...?	czy mogę...?
	chi **mo**-ge...?
can we?	czy możemy...?
	chi mo-**zhe**-mi...?
can I pay?	czy mogę zapłacić?
	chi **mo**-ge za-**pwa**-cheech?
can we go in?	czy możemy wejść?
	chi mo-**zhe**-mi veyshch?
where can I...?	gdzie można...?
	gdje **mozh**-na...?
where can	gdzie można kupić chleb?
I buy bread?	gdje **mozh** na **koo**-peech hlep?
where can	gdzie można wynająć rowery?
I hire bikes?	gdje **mozh**-na vee-**na**-jonch ro-**ve**-ri?
when?	kiedy?
	kye-di?
at what time?	o której godzinie?
	o **ktoo**-rey go-**djee**-nye?
when is breakfast?	kiedy jest śniadanie?
	kye-di yest shnya-**da**-nye?
when is dinner?	kiedy jest obiad?
	kye-di yest **ob**-yat?
when does	kiedy jest otwarte/zamknięte?
it open/close?	**kye**-di yest ot-**far**-te/zam-**knyen**-te?
when does it	kiedy to się zaczyna/kończy?
begin/finish?	**kye**-di to she za-**chee**-na/**kon**-chi?
yesterday	wczoraj
	fcho-ray
today	dzisiaj
	djee-shay
tomorrow	jutro
	yoot-ro

this morning	dzisiaj rano
	djee-shay **ra**-no
this afternoon	dzisiaj po południu
	djee-shay po po-**woo**-dnyoo
tonight	dzisiaj wieczorem
	djee-shay vye-**cho**-rem
is it open?	czy jest otwarte?
	chi yest ot-**far**-te?
is it closed?	czy jest zamknięte?
	chi yest zam-**knyen**-te?
how are you?	jak się masz? jak się pan/pani ma?
(informal/formal)	yak she mash? yak she pan/**pa**-nee ma?
fine, thanks.	dobrze, dziękuję. a ty? (a pan/pani?)
And you?	**dob**-zhe, djen-**koo**-ye. a ti? (a pan/**pa**-nee?)
(informal/formal)	

• In Polish there is one form of question for first names and another for surnames, although in practice the latter form can be used for both first name and surname.

what's your name?	jak się pan/pani nazywa?
(first name/surname)	yak she pan/**pa**-nee na-**zi**-va?
my name is...	na imię mi...
(first name)	na **ee**-mye mee...
what's your name?	jak się nazywasz?
(first name/surname)	yak she na-**zi**-vash?
my name is...	nazywam się...
(first name/surname)	na-**zi**-vam she...
I don't understand	nie rozumiem
	nye ro-**zoo**-myem
I don't speak Polish	nie mówię po polsku
	nye **moo**-vye po **pol**-skoo
do you speak	czy mówisz po angielsku?
English?	czy mówi pan/pani po angielsku?
(informal/formal)	chi **moo**-veesh po an-**gyel**-skoo?
	chi **moo**-vee pan/**pa**-nee po an-**gyel**-skoo?

pleased to meet you	miło mi poznać
	mee-wo mee **poz**-nach
this is a gift for you	to prezent dla pana/pani
	to **pre**-zent dla **pa**-na/**pa**-nee
Sir/Mr...	pan...
	pan...
Madam/Mrs...	pani...
	pa-nee...
this is my husband	to mój mąż
	to mooy monsh
this is my wife	to moja żona
	to **mo**-ya **zho**-na
this is my son	to mój syn
	to mooy sin
this is my daughter	to moja córka
	to **mo**-ya **tsoor**-ka
where do you work?	gdzie pan/pani pracuje?
	gdje pan/**pa**-nee pra-**tsoo**-ye?
enjoy your holiday!	dobrych wakacji!
	do-brih va-**ka**-tsee!

Money

Money – changing

• •

• There are numerous currency exchange offices, **kantor**, which tend to have a better exchange rate than banks. Kantor offices' usually operate longer hours than banks, and in larger cities some stay open overnight.

• The easiest way to withdraw money is to use a cashpoint (**bankomat**); these can be found in town centres, at banks and near train stations. They always indicate the types of credit cards accepted, and will have the option to choose instructions in English.

where can I change some money?	**gdzie mogę wymienić pieniądze?**
	gdje **mo**-ge vi-**mye**-neech pye-**nyon**-dze?
where is the bank?	**gdzie jest bank?**
	gdje yest bank?
where is the bureau de change?	**gdzie jest kantor?**
	gdje yest kantor?
when does the bank open?	**o której otwiera się bank?**
	o **ktoo**-rey ot-**fye**-ra she bank?
when does the bank close?	**o której zamyka się bank?**
	o **ktoo**-rey za-**mi**-ka she bank?
can I change these travellers cheques?	**czy mogę zrealizować czeki podróżne?**
	chi **mo**-ge zre-a-lee-**zo**-vach **che**-kee pod-**roozh**-ne?
what is the rate for...?	**jaki jest kurs wymiany...?**
	ya-kee yest koors vi-**mya**-ni...?
where is the nearest cash machine?	**gdzie jest najbliższy bankomat?**
	gdje yest nay-**bleesh**-shi ban-**ko**-mat?

can I use my credit card at the cash machine?	**czy mogę użyć karty kredytowej w bankomacie?**
	chi m**o**-ge **oo**-zhich **kar**-ti kre-di-**to**-vey v ban-ko-**ma**-che?
do you have any loose change?	**czy ma pan/pani drobne?**
	chi ma pan/**pa**-nee **drob**-ne?

Money – spending

● ●

- Banks are usually open from 9am-6pm Monday–Friday, and until lunchtime on Saturdays.
- The currency is Polish **złoty** and **grosz** (pence). The złoty (**zwo**-ti) (PLN) breaks down into 100 groszy (**gro**-shi). The following notes (**banknoty**) are available: 10 PLN, 20 PLN, 50 PLN, 100 PLN, 200 PLN. Available coins (**monety**): 1 gr, 2 gr, 5 gr, 10 gr, 20 gr, 50 gr, 1 PLN, 2 PLN, 5 PLN.
- Major credit cards are accepted in Poland where indicated, however many shops, particularly smaller ones or in rural areas, only accept cash. UK debit cards (Switch/Maestro) are not accepted at all in Poland.

how much is it?	**ile to kosztuje?**
	ee-le to kosh-**too**-ye?
how much will it be?	**ile to będzie?**
	ee-le to **ben** dzye?
can I pay by...?	**czy mogę zapłacić...?**
	chi **mo**-ge za-**pwa**-cheech...?
credit card	**kartą kredytową**
	kar-tow kre-di-**to**-vow
cheque	**czekiem**
	che-kyem
can I pay with...?	**czy mogę zapłacić w...?**
	chi **mo**-ge za-**pwa**-cheech v...?
euros	**euro**
	eu-ro

English pounds	**w angielskich funtach**
	an-**gyel**-skeeh **foon**-tah
is service	**czy obsługa jest wliczona?**
included?	chi op-**swoo**-ga yest vlee-**cho**-na?
I need a receipt,	**proszę o paragon**
please	**pro**-she o pa-**ra**-gon
do I pay in	**czy muszę zapłacić z góry?**
advance?	chi **moo**-she za-**pwa**-cheech **z goo**-ri?
do I need to	**czy muszę dać depozyt?**
pay a deposit?	chi **moo**-she dach de-**po**-zit?
I'm sorry	**przepraszam**
	pshe-**pra**-sham
I've nothing smaller	**nie mam drobnych**
(no change)	nye mam **drob**-nih

Getting around

Airport

....

- Signs at airports (**lotnisko**) are usually in Polish and English.
- The national airline is called **LOT**. Most airports provide shuttle bus connections to town centres; check details at the Information Desk (**Informacja**) at the airport.
- A taxi rank will always be available in front of the airport.
- The word for 'arrivals' is **przyloty** (pshi-**lo**-ti), and for 'departures' is **odloty** (od-**lo**-ti).
- Useful website about Polish airports: **www.polish-airports.com**

excuse me, how do I get to the airport?	**przepraszam, jak dojechać na lotnisko?** pshe-**pra**-sham, yak do-**ye**-hach na lot-**nees**-ko?
excuse me, is there a bus to the airport?	**czy jest autobus na lotnisko?** chi yest au-**to**-boos na lot-**nees**-ko?
where is the luggage for the flight from...?	**gdzie jest odbiór bagażu z...?** gdje yest **od**-byoor ba-**ga**-zhoo z...?
where can I change some money?	**gdzie mogę wymienić pieniądze?** gdje **mo**-ge vi-**mye**-neech pye-**nyon**-dze?
how do I/we get into town?	**jak dojechać do miasta?** yak do-**ye**-hach do **myas**-ta?
how much is it by taxi...?	**ile kosztuje dojazd taksówką...?** **ee**-le kosh-**too**-ye **do**-yazd tak-**soof**-kow...?
to go into town?	**do miasta?** do **myas**-ta?
to go to the Hotel...?	**do hotelu...?** do ho-**te**-loo...?

boarding will take place at gate number...	**wejście do samolotu nastąpi przy wyjściu numer...**
	vey-shche do sa-mo-**lo**-too nas-**tom**-pee phsi **viy**-schchoo **noo**-mer...
go to gate number...	**proszę przechodzić do wyjścia numer...**
	pro-she pshe-**ho**-dzeech do **viy**-shcha **noo**-mer...

Customs and passports

• •

• With the Single European Market, EU citizens are subject only to highly selective spot-checks and they can pass through customs with the sign **Nic do oclenia** – green customs channels (unless they have goods to declare – **Towary do oclenia**).

• There are no restrictions, either by quantity or value, on goods purchased by EU travellers in other EU countries, provided that they are for their own personal use. If you are unsure of certain items, check with the customs officials as to whether duty – **cło** – is payable.

34

I have nothing to declare	**nie mam nic do oclenia**
	nye mam neets do ots-**le**-nya
here is...	**oto...**
	o-to...
my passport	**mój paszport**
	mooy **pash**-port
do I have to pay duty on this?	**czy muszę zapłacić cło?**
	chi **moo**-she za-**pwa**-cheech tswo?
it's for my own personal use/ for a present	**to do użytku osobistego/na prezent**
	to do oo-**zhit**-koo o-so-bees-**te**-go/ na **pre**-zent
here is the receipt	**oto paragon**
	o-to pa-**ra**-gon
the child is/ children are on this passport	**dziecko jest/dzieci są w paszporcie**
	djets-ko yest/**dje**-chee sow f pash-**por**-chye

we are on our way to (if in transit through a country)...	**jesteśmy tranzytem do...** yes-**tesh**-mi tran-**zi**-tem do...
I'm...	**jestem...** **yes**-tem...
English	**Anglikiem/Angielką** an-**glee**-kyem/an-**gyel**-kow
Australian	**Australijczykiem/Australijką** aus-tra-leey-**chi**-kyem/aus-tra-**leey**-kow

Asking the way – questions

• The best way to catch someone's attention is by saying **Przepraszam** 'excuse me'.
• Tourist offices can be found in town centres and they offer a wide array of information on the town and surrounding areas, very often in several languages.

excuse me...	**przepraszam...** pshe-**pra**-sham...
where is...?	**gdzie jest...?** gdje yest...?
where is the nearest supermarket?	**gdzie jest najbliższy supermarket?** gdje yest nay-**bleesh**-shi soo-per-**mar**-ket?
how do I get to...?	**jak dojechać do...?** yak do-**ye**-hach do...?
how do I get to the beach?	**jak dojechać na plażę?** yak do-**ye**-hach na **pla**-zhe?
excuse me, how do I get (on foot) to the station?	**przepraszam, jak dojść do dworca?** pshe-**pra**-sham, yak doyshch do **dvor**-tsa?
is this the right way to the museum?	**czy tędy dojdzie się do muzeum?** chi **ten**-di **doy**-dje she do moo-**ze**-oom?

is it far?	**czy to daleko?**
	chi to da-**le**-ko?
can I walk there?	**czy można tam dojść piechotą?**
	chi **mozh**-na tam doyshch pye-**ho**-tow?
we're lost	**zgubiliśmy się**
	zgoo-bee-**leesh**-mi she
we're looking for...	**szukamy...**
	shoo-**ka**-mi...
how do I/we	**jak dojść/dojechać**
get (on foot/	yak doyshch/do-**ye**-hach
by transport)	
onto the motorway?	**do autostrady?**
	do au-to-**stra**-di?
to the museum?	**do muzeum?**
	do moo-**ze**-oom?
to the shops?	**do sklepów?**
	do **skle**-poof?
can I see it on	**czy można zobaczyć to na mapie?**
the map?	chi **mozh**-na zo-**ba**-chich to na **ma**-pye?

Asking the way – answers

● ●

● Street maps are available in town centres. On these maps,
Tu jesteś (too **yes**-tesh) means 'You are here'.
● Distances on road signs are shown in kilometres. The keywords
are: **prawo** 'right', **lewo** 'left', **prosto** 'straight on'.

no, this is not	**nie, tędy nie dojdzie się do...**
the way to...	nye, **ten**-di nye **doy**-dje she do...
you have to	**musi pan/pani zawrócić**
turn around	**moo**-shee pan/**pa**-nee zav-**roo**-cheech
turn right/left	**skręcić w prawo/w lewo**
	skren-chich **f pra**-vo/**v le**-vo
take the first	**skręcić w pierwszą ulicę w prawo**
on the right	**skren**-cheech v **pyerv**-show oo-**lee**-tze v
	pra-vo

take the road to...	**pojechać drogą do...**
	po-**ye**-hach **dro**-gow do...
keep going straight ahead (on foot/ by transport)	**cały czas iść/jechać prosto**
	tza-wi chas eeishch/**ye**-hach **pro**-sto
keep straight on, after the church turn left/right	**prosto, za kościołem skręcić w lewo/ w prawo**
	pros-to za kosh-**cho**-wem **skren**-cheech v **le**-vo/f **pra**-vo
follow the signs for...	**proszę podążać za znakami na...**
	pro-she **podn**-odzacz za znakamee na...
half an hour on foot	**pół godziny piechotą**
	poow go-**djee**-ni pye-**ho**-tow

Bus/tram

• •

• Tickets purchased from bus/tram drivers are more expensive than in kiosks.

• To validate them you must punch them in the machine on board the bus or tram.

• Discounts are available for students, the disabled and their carers, as well as pensioners and the elderly.

• If travelling with a discount ticket keep your discount ID card handy (e.g. student card) to show to the conductor on board – ticket controls are often carried out.

where is the bus station?	**gdzie jest dworzec autobusowy?**
	gdje yest **dvo**-zhets au-to-boo-**so**-vi?
where is the bus stop?	**gdzie jest przystanek autobusowy?**
	gdje yest pshi-**sta** nek au-to-boo-**so**-vi?
I want to go to...	**chcę pojechać do...**
	htze po-**ye**-hach do...
which bus do I take?	**do którego autobusu mam wsiąść?**
	do ktoo-**re**-go au-to-**boo**-soo mam wshyonshch?

excuse me, which bus goes to the centre?	**przepraszam, który autobus jedzie do centrum?**
	pshe-**pra**-sham, **ktoo**-ri au-**to**-boos **ye**-dje do **tsen**-troom?
where can I buy the tickets?	**gdzie można kupić bilety?**
	gdje **mozh**-na **koo**-peech bee-**le**-ti?
is there a bus/tram to...?	**czy jest autobus/tramwaj do...?**
	chi yest au-**to**-boos/**tram**-vay do...?
where do I catch the bus/tram to...?	**skąd jedzie autobus/tramwaj do...?**
	skont **ye**-dje au-**to**-boos/**tram**-vay do...?
how much is it to go to...?	**ile kosztuje bilet do...?**
	ee-le kosh-**too**-ye **bee**-let do...?
how often are the buses to...?	**jak często są autobusy do...?**
	yak **chen**-sto sow au-to-**boo**-si do...?
when is the first/ the last bus to...?	**kiedy jest pierwszy/ostatni autobus do...?**
	kye-di yest **pyer**-fshi/os-**tat**-nee au-**to**-boos do...?
please tell me when to get off	**proszę mi powiedzieć kiedy wysiąść**
	pro-she mee po-**vye**-djech **kye**-di **vi**-shonshch
I'm getting off now	**ja teraz wysiadam**
	ya **te**-ras vi-**sha**-dam
this is my stop	**to mój przystanek**
	to mooy pshis-**ta**-nek
this is your stop	**to pani/pana przystanek**
	to **pa**-nee/**pa**-na pshis-**tan**-ek
it's better to take the bus	**lepiej pojechać autobusem**
	le-pyey po-**ye**-hach au-to-**boo**-sem

Metro

• •

• The only Polish city with a metro system is Warsaw, and this is in the process of being extended. You pay a flat rate for each journey.
• Save by buying a one-day ticket, or a ticket valid for a few days.
• For single journeys it is practical to obtain a larger number of tickets, for instance, a booklet of 10.
• An integrated system exists which allows you to use the same kind of ticket for all three means of transport.

where is the metro station?	**gdzie jest stacja metra?** gdje yest **sta**-tzya **me**-tra?
do you have a map of the metro?	**czy jest mapa metra?** chi yest **ma**-pa **me**-tra?
are there any concessions?	**czy są jakieś zniżki?** chi sow **ya**-kyesh **zneezh**-kee?
a book of (10) tickets, please	**proszę dziesięć biletów** **pro**-she **dje**-shench bee-**le** tool
with concession/ normal	**ulgowych/normalnych** ool-**go**-vih/nor-**mal**-nih
a 24 hour ticket	**bilet całodobowy** **bee**-let tsa-wo-do-**bo**-vi
I'm going to...	**jadę do...** **ya**-de do...
where is the nearest stop?	**gdzie jest najbliższy przystanek?** gdje yest nay-**bleesh**-shi pshis-**ta**-nek?
do I have to change?	**czy muszę się przesiąść?** chi **moo**-she she **pshe**-shonshch?
what is the next stop?	**jaki jest następny przystanek?** **ya**-kee yest na-**stemp**-ni pshi-**sta**-nek?
excuse me!	**przepraszam!** pshe-**pra**-sham!
this is my stop	**to mój przystanek** to mooy pshi-**sta**-nek
I'm getting off now	**ja teraz wysiadam** ya **te**-ras vi-**sha**-dam

Train

• Travelling by train is cheaper than in Britain. Train fares differ depending on the distance and the type of train.
• Most trains have compartments. A first class seat costs 50% more than second class. When booking you should always check to see if the train you want to travel on requires reservations, as without a reservation it might be difficult to find a seat. All EX/IC trains require reservations.
• The fastest connection is between **Warsaw** and **Kraków**, however, fast trains also travel between **Warsaw** and **Gdańsk**, **Warsaw** and **Katowice**, etc.
• You can buy tickets using a credit card only at designated ticket desks at the station, otherwise you pay cash.
• On long-distance, overnight journeys it is possible to book a sleeping-car (**wagon sypialny**). Reservations for these should always be made in advance.

where is the station?	**gdzie jest stacja/dworzec?** gdje yest **sta**-tzya/**dvo**-zhets?
to the station, please	**na dworzec proszę** na **dvo**-zhets **pro**-she
when is the next train to...?	**kiedy jest następny pociąg do...?** **kye**-di yest nas-**tem**-pni **po**-chonk do...?
do you have a timetable?	**czy jest rozkład jazdy?** chi yest **ros**-kwat **yaz**-di?
I'd like 3 tickets, please, to...	**proszę 3 bilety do...** **pro**-she tshi bee-**le**-ti do...
single/return	**w jedną stronę/w obie strony** v **yed**-now **stro**-ne/v obye **stro**-ni
first/second class	**pierwsza/druga klasa** **pyerf**-sha/**droo**-ga **kla**-sa
smoking/ non-smoking	**dla palących/dla niepalących** dla pa-**lon**-tsih/dla **nye**-pa-lon-tsih

is there a supplement to pay?	**czy jest dodatkowa opłata?** chi yest do-dat-**ko**-va op-**wa**-ta?
I want to book a reserved seat on the express train to Warsaw	**proszę bilet z miejscówką na pociąg ekspresowy do warszawy** **pro**-she **bee**-let z myeys-**tsoof**-kow na **po**-chonk eks-pre-**so**-vi du var-**sha**-vi
do I have to change?	**czy muszę się przesiąść?** chi **moo**-she she **pshe**-shonch?
how long do I have to wait for the next train?	**jak długo muszę czekać na następny pociąg?** yak **dwoo**-go **mu**-she **che**-kach na nas-**tem**-pni **po**-chonk?
which platform does it leave from?	**z którego peronu on odjeżdża?** s ktoo-**re**-go pe-**ro**-noo on od-**yezh**-dja?
is this the train for...?	**czy to pociąg do...?** chi to **po**-chonk do...?
why is the train delayed?	**dlaczego pociąg jest opóźniony?** dla-**che**-go **po**-chonk yest o poozh **n yo** ni?
when will it leave?	**kiedy pociąg odjeżdża?** **k ye**-di **po**-chonk od-**yezh**-dja?
does it stop at...?	**czy zatrzymuje się w...?** chi za-tshi-**moo**-ye she v...?
when does it arrive in...?	**kiedy przyjeżdża do...?** **kye**-di pzhee-**yezh**-dja do...?
please tell me when we get to...	**proszę mi powiedzieć kiedy dojedziemy do...** **pro**-she mee po-**vye** djech **kye**-di do-ye-**dje**-mi do...
is there a restaurant car?	**czy jest wagon restauracyjny?** chi yest **va**-gon res-tau-ra-**tsiy**-ni?
is this seat free?	**czy to miejsce jest wolne?** chi to **myey**-stse yest **vol**-ne?
excuse me! (to get past)	**przepraszam!** pshe-**pra**-sham!

Taxi

• •

• The easiest place to find a taxi stand is at a railway station or in front of hotels.

• Official taxis are generally marked with a recognised taxi company name. You can either hail a taxi or call a taxi firm.

• A taxi rank is called **postój** (**po**-stooy). These are normally indicated with a blue taxi sign. Phone numbers for taxi companies can be found in the local press, in tourist information centres or are displayed on the vehicles.

• Payment for taxis is by cash only. Fares are usually higher at night.

I want a taxi	**potrzebuję taksówkę**
	pot-zhe-**boo**-ye ta-**ksoof**-ke
where can I get a taxi?	**gdzie są taksówki?**
	gdje sow tak-**ksoof**-kee?
please order me a taxi...	**proszę zamówić taksówkę dla mnie...**
	pro-she za-**moo**-veech tak-**soof**-ke dla mnye...
now	**teraz**
	te-ras
for... (time)	**na ... godzinę**
	na ... go-**djee**-ne
how much will it cost to go...?	**ile kosztuje przejazd...?**
	ee-le kosh-**too**-ye **pshe**-yazd...?
to the station	**na dworzec**
	na **dvo**-zhets
to the airport	**na lotnisko**
	na lot-**nees**-ko
to this address	**pod ten adres**
	pod ten **ad**-res
how much is it?	**ile kosztuje?**
	ee-le kosh-**too**-ye?
why is it so much?	**dlaczego tak drogo?**
	dla-**che**-go tak **dro**-go?
it's more than on the meter	**jest więcej niż na liczniku**
	yest **vyen**-tsey neesh na leech-**nee**-koo

keep the change	**reszta dla pana/pani** **resh**-ta dla **pa**-na/**pa**-nee
sorry, I don't have any change	**przepraszam, nie mam drobnych** pshe-**pra**-sham, nye mam **drob**-nih
I'm in a hurry	**spieszę się** **spye**-she she
can you go a little faster?	**czy można jechać szybciej?** chi **mozh**-na **ye**-hach **ship**-chey?
I have to catch...	**muszę zdążyć na...** **moo**-she **zdon**-zhich na...
a train	**pociąg** **po**-chonk
a plane	**samolot** sa-**mo**-lot

Boat/ferry

• There is a frequent ferry service throughout the year to Sweden
and Denmark from the major ports in **Świnoujście**, **Gdańsk** and
Gdynia.
• Tourist offices in major seaside towns can provide information on
ferry and boat services.

one ticket	**jeden bilet** **ye**-den **bee**-let
two tickets	**dwa bilety** dva bee-**le**-ti
single	**w jedną stronę** **v yed**-now **stro**-ne
return	**w obie strony** v obye **stro**-ni
are there any boat trips?	**czy są przewozy promem?** chi sow pzhe-**vo**-zi **pro**-mem?
how long is the trip?	**ile trwa podróż?** **ee**-le trva **pod**-roozh?

when is the next boat? (ferry)	**kiedy płynie następny prom?**
	kye-di **pwi**-nye nas-**tenp**-ni prom?
can we hire a boat?	**czy można wynająć łódź?**
	chi **mozh**-na vi-**na**-jonch woodj?
when is the first/ last boat? (ferry)	**kiedy jest pierwszy prom/ostatni prom?**
	kye di yest **pyerf**-shi prom/os-**tat**-nee prom?
how much is it for a car and ... people?	**ile kosztuje jeden samochód i ... osoby?**
	ee-le kosh-**too**-ye **ye**-den sa-**mo**-hoot ee ... o-**so**-bi?
is there a restaurant on board?	**czy na pokładzie jest restauracja?**
	chi na pok-**wa**-dje yest res-tau-**ra**-tzya?
where does the ferry leave from for...?	**skąd odpływa prom do...?**
	skont ot-**pwi**-va prom do...?
I'd like to reserve a cabin for three people	**chcę zarezerwować kabinę na trzy osoby**
	htse za-re-zer-**vo**-vach ka-**bee**-ne na tshi o-**so**-bi
this is the last boat (ferry)	**to jest ostatni prom**
	to yest os-**tat**-nee prom
there is no service today	**dzisiaj nie kursuje**
	djee-shay nye koor-**soo**-ye

Car

Driving

- The alcohol limit is 0,2%, and fines for drink driving are very severe, including confiscation of the vehicle.
- Headlights must be switched on at all times while driving, all year round irrespective of the weather.
- Drivers must have a valid pink EU format licence or an international licence.
- It is forbidden to use mobile phones while driving unless a hands-free kit is used.
- You have to carry a fluorescent jacket in the vehicle.
- At junctions (crossroads) without traffic lights, where both intersecting roads have priority, you must give way to the vehicle on the right.

can I/we park here?	czy można tu zaparkować?
	chi **mozh**-na too za-par-**ko**-vach?
where can I park?	gdzie można zaparkować?
	gdje **mozh**-na za-par-**ko**-vach?
is there a car park?	czy jest parking?
	chi yest **par**-keeng?
how long for?	na jak długo?
	na yak **dwoo**-go?
do I/we need a parking ticket?	czy potrzebny jest bilet parkingowy?
	chi pot-**zheb**-ni yest **bee**-let par-keen-**go**-vi?
we're going to...	jedziemy do...
	ye-**dje**-mi do...
what's the best route?	jak najlepiej pojechać?
	yak nay-**le**-pyey po-**ye**-hach?

how do I get onto the motorway?	jak dojechać do autostrady?
	yak do-**ye**-hach do au-to-**stra**-di?
which exit is it for...?	który zjazd do...?
	ktoo-ri z yazd do...?
do I/we need snow chains?	czy potrzeba łańcuchów na opony?
	chi pot-**she**-ba wan-**tsoo**-hoof na o-**po**-ni?

Petrol

• •

• Unleaded petrol and diesel are widely available. LPG gas can be purchased at certain stations. Leaded petrol still exists, used by certain older types of cars.

• There are only a few stations where it is possible to pay with a credit card at the pump. The vast majority of stations accept credit card payments in store.

• The word for 'petrol' is **benzyna** (ben-**zi**-na). The term for 'unleaded' is **bezołowiowa** (bez-o-wo-**vyo**-va). Unleaded petrol pumps are green, and diesel pumps are black or yellow.

is there a petrol station near here?	czy jest tu niedaleko stacja benzynowa?
	chi yest too nye-da-**le**-ko **sta**-tzya ben-zi-**no**-va?
fill it up, please	do pełna, proszę
	do **pew**-na, **pro**-she
...60 zł worth of unleaded petrol	...bezołowiowej za 60 zł.
	...bez-o-wo-**vyo**-vey za shesh-**dje**-shont **zwo**-tih
pump number...	pompa numer...
	pom-pa **noo**-mer...
where do I pay?	gdzie płacę?
	gdje **pwa**-tse?
can I pay by card?	czy mogę zapłacić kartą?
	chi **mo**-ge za-**pwa**-cheech **kar**-tow?
where is the air line?	gdzie jest powietrze?
	gdje yest po-**vyet**-she?
please check the oil	proszę sprawdzić olej
	pro-she **sprav**-djeech **o**-ley

please check	**proszę sprawdzić wodę**
the water	**pro**-she **sprav**-djeech **vo**-de
you need some	**potrzeba trochę oleju/trochę wody**
oil/some water	po-**tshe**-ba **tro**-he o-**le**-yoo/**tro**-he **vo**-di
everything is ok	**wszystko w porządku**
	fshis-tko f po-**zhon**-tkoo

Problems/breakdown

● If you break down, the emergency phone number for the Polish equivalent of the AA, **Pomoc Drogowa**, is 981. For the breakdown service telephone +(48-61) 831 98 00. Breakdown services are provided by the Polish Motoring Association (**PZMot**) and usually only cash payments are accepted.

● If you break down on the motorway, put on your hazard lights and place a warning triangle about 100 metres behind the car.

can you help me?	**czy możecie mi pomóc?**
(plural you)	chi mo **zhe**-che mee **po**-moots?
my car has	**zepsuł mi się samochód**
broken down	**zep**-soow mee she sa-**mo**-hoot
I've run out	**benzyna mi się skończyła**
of petrol	ben-**zi**-na mee she skon-**chi**-wa
where's the	**gdzie jest najbliższy warsztat?**
nearest garage?	gdje yest nay-**bleezh**-shi **varsh**-tat?
can you tow me?	**czy możecie mnie zaholować?**
	chi mo-**zhe**-che mnye za-ho **lo**-vach?
do you have parts	**czy są części do...?**
for a (make of	chi sow **chen**-shchee do...?
car) ...?	
there's something	**tu coś nie działa...**
wrong here...	too tsosh nye **dja**-wa...
can you replace...?	**czy można wymienić...?**
	chi **mozh**-na vi-**mye**-neech...?
the ... doesn't work	**...nie działa**
	...nye **dja**-wa

the ... don't work	...nie działają
	...nye dja-**wa**-yow
can you repair it?	czy możecie to naprawić?
	chi mo-**zhe**-che to nap-**ra**-veech?
how much	ile to będzie kosztowało?
will it cost?	**ee**-le to **ben**-dje kosh-to-**va**-wo?

Car hire

●●

● Car rental in Poland is quite expensive, but Polish and
international rental agencies are well represented at airports,
railway stations and major hotels.
● English is spoken in the car rental agencies.
● Drivers must have their driving licence on them at all times, as
well as their passport, rental agreement and insurance certificate.

I would like to hire	chciałbym/chciałabym wynająć
a car for ... days	samochód na ... dni
(man speaking/	**hchaw**-bim/**hcha**-wa-bim vi-**na**-yonch
woman speaking)	sa-**mo**-hoot na ... dnee
I want...	potrzebny mi...
	pot-**zheb**-ni mee...
a large car	duży samochód
	doo-zhi sa-**mo**-hoot
a small car	mały samochód
	ma-wi sa-**mo**-hoot
an automatic	samochód z automatyczną skrzynią
	biegów
	sa-**mo**-hoot z au-to-ma-**tich**-now **skzhi**-nyow
	bye-goof
what are your	ile kosztuje...?
rates...?	**ee**-le kosh-**too**-ye...?
per day	dziennie
	djen-nye
per week	na tydzień
	na **ti**-djen

how much is the deposit?	ile wynosi depozyt?
	ee-le vi-**no**-shee de-**po**-zit?
do you take credit cards?	czy można zapłacić kartą?
	chi **mozh**-na za-**pwa**-cheech **kar**-tow?
is there a milcage (kilometre) charge?	czy zapłata jest od kilometra?
	chi za-**pwa**-ta yest ot kee-lo-**met**-ra?
how much is it?	ile wynosi?
	ee-le **vi** no-shee?
does the price include fully comprehensive insurance?	czy ubezpieczenie autocasko jest wliczone w opłatę?
	chi oo-bes-pye-**che**-nye au-to-**kas**-ko yest vlee-**cho**-ne v op-**wa**-te?
what do we do if we break down?	co trzeba zrobić w przypadku awarii?
	tso **tzhe**-ba **zro**-beech v pzhi-**pad**-koo a-**va**-ree?
please show me the controls	proszę mi pokazać przyrządy do sterowania
	pro-she mee po-**ka**-zach pzhi-**zhon**-di do ste-ro-**va**-nya
must I return the car here?	czy muszę oddać samochód tutaj?
	chi **moo**-she **od**-dach sa-**mo**-hoot **too**-tay?
by what time?	do której godziny?
	do **ktoo**-rey go-**djee**-ni?
please return the car with a full tank	proszę oddać samochód z pełnym zbiornikiem
	pro-she **od**-dach sa-**mo**-hoot **s pew**-nim zbyor-**nee**-kyem

Shopping

Shopping – holiday

• •

- Supermarkets on the outskirts of major towns are open from 9am–10pm, with shorter opening times on Sundays. Most smaller shops close early afternoon on Saturdays and all day on Sunday.
- Among the most popular Polish souvenir products are amber jewellery and figurines.
- The word for 'cash desk' is **kasa** (clearly indicated in shops and supermarkets).

do you have...?	**czy jest/czy są...?**
	chi yest/chi sow...?
batteries for this camera	**baterie do tego aparatu**
	ba-**te**-rye do **te**-go a-pa-**ra**-too
where can I buy...?	**gdzie mogę kupić...?**
	gdje **mo**-ge **koo**-peech...?
a colour film	**kolorowy film**
	ko-lo-**ro**-vi film
10 stamps	**dziesięć znaczków**
	dje-shench **znach**-koof
4 postcards	**cztery pocztówki...**
	chte-ri poch-**toof**-kee...
to Britain	**do Wielkiej Brytanii**
	do **vyel**-key bri-**tan**-ee
I'm looking for a present for...	**szukam prezentu dla...**
	shoo-kam pre-**zen**-too dla...
my mother	**mojej mamy**
	mo-yey **ma**-mi
a child	**dziecka**
	djets-ka

have you anything cheaper?	**czy jest coś tańszego?**
	chi yest tsosh tan-**she**-go?
it's a gift	**to prezent**
	to **pre**-zent
please wrap it up	**proszę to zapakować**
	pro-she to za-pa-**ko**-vach
is there a market here?	**czy jest tu targ?**
	chi yest too targ?
which day is it on?	**w który dzień się odbywa?**
	v **ktoo**-ri djen she od-**bi**-va?

Shopping – clothes

• •

• The word for 'sales' is **wyprzedaż** (vip-**she**-dash), although often the English term 'sale' is used.
• Other words to be found in shop windows are **promocja** (pro-**mo**-tsya), **przecena** (pshe-**tse** na) and **obniżka cen** (ob **neesh**-ka tsen), all meaning promotions and lower prices.
• Bear in mind that the sizes may not match e.g. 40 (Polish) = 12 (British). Normally the shop assistant will be able to help, or there will be a conversion table on the garment.

may I try this on?	**czy mogę przymierzyć?**
	chi **mo**-ge pshi-**mye**-zhich?
where are the changing rooms?	**gdzie jest przymierzalnia?**
	gdje yest pzhi-mye-**zhal**-nya?
it's too big for me	**to na mnie za duże**
	to na mnye za **doo**-zhe
have you a smaller one?	**czy jest mniejszy rozmiar?**
	chi yest **mnyey**-shi **roz**-myar?
it's too small for me	**to na mnie za małe**
	to na mnye za **ma**-we
have you a larger one?	**czy jest większy rozmiar?**
	chi yest **vyenk**-shi **roz**-myar?
it's too expensive for me	**trochę za drogo dla mnie**
	tro-he za **dro**-go dla mnye

I'm just looking	**tylko oglądam**
	til-ko og-**lon**-dam
do you have this in my size?	**czy to jest w moim rozmiarze?**
	chi to yest v **mo**-eem roz-**mya**-zhe?
I'll take this one	**wezmę to**
	vez-me to
can you give me a discount?	**czy można obniżyć cenę?**
	chi **mozh**-na ob-**nee**-zhich **tse**-ne?
do you have a small/medium/ large size?	**czy jest mały/średni/duży rozmiar?**
	chi yest **ma**-wi/**shred**-nee/**doo**-zhi **roz**-myar?
what size (clothes) do you wear?	**jaki jest pana/pani rozmiar?**
	ya-kee yest **pa**-na/**pa**-nee **roz**-myar?
what shoe size do you take?	**jaki numer buta ma pan/pani?**
	ya-kee **noo**-mer **boo**-ta ma pan/**pa**-nee?

Shopping – food

• •

• Weekly markets are organized in smaller towns and rural areas, but also often in larger town centres; these are the cheapest places to buy fresh vegetables, fruit, bread, dairy etc.

• Fat content in milk (**mleko**) and other dairy products such as cream, cheese and yoghurts is indicated in percentage numbers on the packaging (usually, up to 1% means skimmed, between 1% and 3% – semi-skimmed, over 3% – full fat). Milk cartons are often colour-coded, green meaning skimmed, yellow – semi-skimmed, and red – full fat.

• Organic food in supermarkets is relatively rare in Poland as this is still considered expensive in comparison with non-organic produce.

where can I buy fruit?	**gdzie mogę kupić owoce?**
	gdje **mo**-ge **koo**-peech o-**vo**-tse?
where can I buy bread/milk?	**gdzie mogę kupić chleb/mleko?**
	gdje **mo**-ge **koo**-peech hlep/**mle**-ko?
where is the supermarket/	**gdzie jest supermarket/piekarnia/ rzeźnik?**

bakers/butchers?	**gdje yest soo-per-mar**-ket/pye-**kar**-nya/**zhezh**-neek?
where is the market?	**gdzie jest targ?**
	gdje yest targ?
which day is the market on?	**w który dzień jest targ?**
	v **ktoo**-ri djen yest targ?
it's me next (in a queue)	**ja jestem następny/następna**
	ya **yes**-tem nas-**tenp**-ni/nas-**tenp**-na
that's enough	**tyle wystarczy**
	ti-le vis-**tar**-chi
4 cakes (small)	**cztery ciastka**
	chte-ri **chyast**-ka
a loaf of bread	**bochenek chleba**
	bo-**he**-nek **hle**-ba
a litre of milk/ water/beer	**litr mleka/wody/piwa**
	leetr **mle**-ka/**vo**-di/**pee**-va
a bottle of mineral water	**butelka wody mineralnej**
	boo-**tel**-ka **vo**-di mee-ne-**ral**-ney
a can of coke/beer	**puszka coca-coli/piwa**
	poosh-ka **ko**-ka **ko**-lee/**pee**-va
a carton of orange juice/milk	**karton soku pomarańczowego/mleka**
	kar-ton **so**-koo po-ma-ran-cho-**ve**-go/**mle**-ka
250 grams of cheese/ham	**ćwierć kilo sera/szynki**
	chverch **kee**-lo **se**-ra/**shin**-kee
a kilo of potatoes/onions	**kilo ziemniaków/cebuli**
	kee-lo zhyem-**nya**-koof/tse-**boo**-lee
a packet of biscuits	**paczka herbatników**
	pach-ka her-bat-**nee**-koof
a tin of tomatoes	**puszka pomidorów**
	poosh-ka po-mee-**do**-roof
a jar of honey	**słoik miodu**
	swo-eek **myo**-doo
can I help you?	**w czym mogę pomóc?/czym mogę stożyć?** czym mogę stożyć?
	v chim **mo**-ge **po**-moots?/chim **mo**-ge **swoo**-zhits?
anything else?	**czy jeszcze coś?**
	chi **yesh**-che tsosh?

Daylife

Sightseeing

• •

• The tourist office is officially called **Informacja Turystyczna**.
If you are looking for somewhere to stay, they will have details of
hotels, campsites, etc. Tourist information can also be obtained
from **Orbis** or **PTTK** (the Polish Tourist Organization).
• Museums and galleries usually charge a small entry fee. Most are
closed on Mondays.

where is the tourist office?	**gdzie jest informacja turystyczna?**
	gdje yest in-for-**ma**-tsya too-ris-**tich**-na?
we'd like to go to...	**chcielibyśmy pojechać do...**
	hche-lee-**bish**-mi po-**ye**-hach do...
have you any leaflets?	**czy są jakieś broszury?**
	chi sow **ya**-kyesh bro-**shoo**-ri?
do you have a guidebook/ a leaflet in English?	**czy jest przewodnik/broszura po angielsku?**
	chi yest pshe-**vod**-neek/bro-**shoo**-ra po an-**gyel**-skoo?
how much does it cost to get in?	**ile kosztuje wstęp?**
	ee-le kosh-**too**-ye fstemp?
is it open to the public?	**czy jest otwarte dla publiczności?**
	chi yest ot-**far**-te dla poob-leech-**nosh**-chee?
what can we visit in the area?	**co można zobaczyć w okolicy?**
	tso **mozh**-na zo-**ba**-chich v o-ko-**lee**-tsi?
are there any excursions?	**czy są jakieś wycieczki?**
	chi sow **ya**-kyesh vi-**chech**-kee?
are there reductions for...?	**czy jest zniżka dla...?**
	chi yest **zneesh**-ka dla...?

children	**dzieci**
	dje-chee
students	**studentów**
	stoo-**den**-toof
over 6os	**emerytów**
	e-me-**ri**-toof

Beach

• •

• A white flag flying at the beach means it is safe to swim;
a red flag – not recommended; a black flag – dangerous.
• In public indoor swimming pools you are required to wear a
swimming cap.

are there any good beaches near here?	**czy jest tu dobra plaża?**
	chi yest too **do**-bra **pla**-zha?
how do I get there?	**jak się tam dostać?**
	yak she tam **dos**-tach?
is there a swimming pool?	**czy jest basen?**
	chi yest **ba**-sen?
can we swim in the river?	**czy można pływać w rzece?**
	chi **mozh**-na **pwi**-vach v **zhe**-tse?
is the water clean?	**czy woda jest czysta?**
	chi **vo**-da yest **chis**-ta?
is the water deep?	**czy jest głęboko?**
	chi yest gwe-**bo**-ko?
is the water cold?	**czy woda jest zimna?**
	chi **vo**-da yest **zheem**-na?
is it dangerous?	**czy jest niebezpiecznie?**
	chi yest nye-bez-**pyech**-nye?
are there currents?	**czy są prądy wodne?**
	chi sow **pron**-di **vod**-ne?

where can we windsurf/ waterski?	**gdzie można uprawiać windsurfing/ pływać na nartach wodnych?**
	gdje **mozh**-na up-**ra**-vyach wind-**sur**-fing/ **pwi**-vach na **nar**-tah **vod**-nih?
can I hire a beach umbrella/ a sunbed?	**czy mogę wynająć parasol plażowy/ leżak?**
	chi **mo**-ge vi-**na**-jonch pa-**ra**-sol pla-**zho**-vi/ **le**-zhak?

Sport

• •

• The most popular sport is football, but aside from this there are plenty of opportunities for other outdoor pursuits such as hiking, mountain climbing, fishing, swimming, sailing, horse riding, skiing and hunting.

where can we play...?	**gdzie można grać w...?**
	gdje **mozh**-na grach f...?
tennis/golf	**tenisa/golfa?**
	te-**nee**-sa/**gol**-fa?
where can I/we go...?	**gdzie można...?**
	gdje **mozh**-na...?
swimming/jogging	**pływać/biegać**
	pwi-vach/**bye**-gach
do you have to be a member?	**czy trzeba być członkiem klubu?**
	chi **tshe**-ba bich **chwon**-kyem **klo**-obu?
how much is it per hour?	**ile kosztuje od godziny?**
	ee-le kosh-**too**-ye od go-**djee**-ni?
can we hire...?	**czy można wynająć...?**
	chi **mozh**-na vi-**na**-yonch...?
rackets/golf clubs	**rakiety/kije golfowe**
	ra-**kye**-ti/**kee**-ye gol-**fo**-ve
we'd like to see (name team) play	**chcielibyśmy zobaczyć grę...**
	hche-lee-**bish**-mi zo-**ba**-chich gre...

where can I/we get tickets for (name of game)...?	gdzie można dostać bilety na...?
	gdje **mozh**-na **dos**-tach bee-**le**-ti na...?
there are no tickets left for the game	nie ma już biletów
	nye ma yoosh bee-**le**-toof

Skiing

••

• Skiing is a very popular sport and can be practised across the southern, mountainous part of the country.

• Ski rentals are widely available in resorts and near ski lifts. You can also book skiing lessons; sometimes it is possible to ask for an English-speaking instructor.

• Most skiing areas have varying degrees of difficulty and thus cater to the needs of both beginners and more experienced skiers.

can I/we hire skis?	czy można wynająć narty?
	chi **mozh**-na vi-**na**-yonch **nar**-ti?
does the price include...?	czy cena obejmuje...?
	chi t**se**-na o-bey-**moo**-ye...?
boots	buty
	boo-ti
poles	kijki
	keey-kee
my skis are too long/too short	moje narty są za długie/za krótkie
	mo-ye **nar**-tı sow za **dwoo**-gye/za **kroot**-kye
my bindings are too loose/ very tight	moje wiązania są za luźne/ bardzo ciasne
	mo-ye vyon-**za**-nya sow za **loozh**-ne/ **bar**-dzo **chas**-ne
how much is a ... pass?	ile kosztuje karnet na wyciąg...?
	ee-le kosh-**too**-ye **kar**-net na **vi**-chonk...?
daily	na dzień
	na djen

weekly	**na tydzień**
	na **ti**-djen
which is an easy run?	**która trasa jest łatwa?**
	ktoo-ra **tra**-sa yest **wat**-va?
is there a map of the ski runs?	**czy jest mapa tras?**
	chi yest **ma**-pa tras?
what is the snow like today?	**jaki dzisiaj jest śnieg?**
	ya-kee **dzee**-shay yest shnyeg?
when is the last ascent?	**kiedy jest ostatni wjazd?**
	kye-di yest os-**tat**-nee vyast?
can you tighten my bindings?	**czy może mi pan/pani zacisnąć wiązania?**
	chi **mo**-zhe mee pan/**pa**-nee za-**chees**-nonch vyon-**za**-nya?
can you ski at all?	**czy umie pan/pani jeździć na nartach?**
	chi **oo**-mye pan/**pa**-nee **yezh**-djeech na **nar**-tach?
what is your boot size?	**jaki jest pana/pani numer buta?**
	ya-kee yest **pa**-na/**pa**-nee **noo**-mer **boo**-ta?
do you want skiing lessons?	**czy chce pan/pani brać lekcje jazdy na nartach?**
	chi htse pan/**pa**-nee brach **lek**-tsye **yaz**-di na **nar**-tah?

Nightlife

Nightlife – popular

• There is plenty of nightlife especially in larger towns. Pubs, bars and small, relatively inexpensive restaurants are the favourites.
• Only those over 18 are admitted to night clubs; appropriate dress code is usually required at these clubs.
• **Informacja Turystyczna** (Tourist Information Office) will have plenty of information and leaflets in English about good restaurants, pubs and concerts. Be careful though, often when the leaflet has been translated into English, the prices are higher. Consult a Polish friend if possible.

what is there to do in the evenings?	**co można robić wieczorem?** tso **mozh**-na **ro**-beech vye-**cho**-rem?
which is a good bar/pub?	**gdzie jest dobry bar?** gdje yest **do**-bri bar?
which is a good disco?	**gdzie jest dobra dyskoteka?** gdje yest **do**-bra dis-ko-**te**-ka?
is it in a safe area?	**czy jest w bezpiecznej okolicy?** chi yest v bez-**pyech**-ney o-ko-**lee**-tsi?
is it expensive?	**czy jest drogo?** chi yest **dro**-go?
are there any good concerts on?	**czy są jakieś dobre koncerty?** chi sow **ya**-kyesh **do**-bre kon-**tser**-ti?
where can I get tickets for the concert?	**gdzie mogę kupić bilety na koncert?** gdje **mo**-ge **koo**-peech bee-**le**-ti na **kon**-tsert?

where can we hear some classical music/jazz?	**gdzie można posłuchać muzyki klasycznej/jazzu?** gdje **mozh**-na pos-**woo**-hach **moo**-zi-kee kla-**sich**-ney/**dje**-zoo?
what's on at the cinema (name of cinema)...?	**co grają w kinie...?** tso **gra**-yow **f kee**-nye...?
is there anything for children?	**czy są atrakcje dla dzieci?** chi sow a-**trak**-tsye dla **dje**-chee?
what time does the film start?	**o której zaczyna się film?** o **ktoo**-rey za-**chi**-na she feelm?
how much are the tickets?	**ile kosztują bilety?** **ee**-le kosh-**too**-yow bee-**le**-ti?
two for the... (give time of performance) showing	**dwa na godzinę...** dva na go-**djee**-ne...
do you want to dance?	**czy chcesz zatańczyć?** chi htzesh za-**tan**-chich?
where are you from?	**skąd jesteś?** skond **yes**-tesh?
what's your name? (formal) (informal)	**jak się pan/pani nazywa?** yak she pan/**pa**-nee na-**zi**-va? **jak się nazywasz?** yak she na-zi-vash?
my name is... (first name)	**na imię mi...** na **ee**-mye mee...

Nightlife – cultural

• **Kraków**, **Warsaw**, **Gdańsk** and other large cities have a wide range of cultural activities, the list of which can be obtained from local tourist offices.

• Films in cinemas are usually shown in their original versions with subtitles, with the exception of childrens' films – these are normally dubbed. Cinema tickets are inexpensive.

do you have a programme of events?	**czy jest program imprez?**
	chi yest **pro**-gram **eem**-pres?
we'd like to go to the theatre/ the opera/ the ballet	**chcielibyśmy pójść do teatru/opery/ na balet**
	hche-lee-**bish**-mi pooyshch do te-**at**-roo/ o-**pe**-ri/na **ba**-let
what's on at the theatre?	**co grają w teatrze?**
	tso **gra**-yow f te-**at**-she?
how much are the tickets?	**ile kosztują bilety?**
	ee-le kosh-**too**-yow bee-**le**-ti?
do I need to book?	**czy trzeba rezerwować?**
	chi **tzhe**-ba re-zer-**vo**-vach?
I'd like two tickets...	**proszę dwa bilety...**
	pro-she dva bee-**le**-ti...
for tonight	**na dziś wieczór**
	na djeesh **vye**-choor
for tomorrow night	**na jutro wieczór**
	na **yoo**-tro **vye**-choor
for the 3rd of August	**na 3-ego sierpnia**
	na tshe-**che**-go **sher**-pnya
when does the performance begin/end?	**o której zaczyna/kończy się przedstawienie?**
	o **ktoo**-rey za-**chi**-na/**kon**-chi she pshet-sta-**vye**-nye?
you can't go in, the performance has started	**nie można wejść, przedstawienie zaczęło się**
	nye **mozh**-na **vey**shch, pshet-sta-**vye**-nye za-**che**-wo she
you may enter at the interval	**można wejść podczas przerwy**
	mozh-na veyshch **pot**-chas **psher**-vi

Accommodation

Hotel

••

- Tourism in Poland is a fast developing industry. You can find all the necessary information at **www.poland-tourism.pl**. Agritourism is worth considering, and there are more and more B&B farms in beautiful rural areas: **www.agritourism.pl**. Many hotels are now signposted in towns. The Polish word for a hotel is the same as in English, with the stress over the first syllable: **ho**-tel.
- In smaller towns and rural areas, B&B-type accommodation is available; this is usually indicated as **pokoje gościnne** (po-**ko**-ye gosh-**cheen**-ne).
- A useful website in English to find accommodation in Poland is **www.staypoland.com**

do you have a room for tonight?	**czy jest wolny pokój na tą noc?** chi yest **vol**-ni **po**-kooy na tow nots?
I'd like to book a single/ double room	**chciałbym/chciałabym zarezerwować pokój jednoosobowy/dwuosobowy** **hchaw**-bim/**hcha**-wa-bim za-re-zer-**vo**-vach **po**-kooy ye-dno-o-so-**bo**-vi/dvoo-o-so-**bo**-vi
for one night/ two nights/ from ... to...	**na jedną noc.../dwie noce/od ... do ...** na **yed**-now nots.../dvye **no**-tse/ot ... do...
with a double bed	**z podwójnym łóżkiem** s pod-**vooy**-nim **woosh**-kyem
with twin beds	**z dwoma łóżkami** s dvo-ma woosh-**ka**-mi
with an extra bed for a child	**z dodatkowym łóżeczkiem dla dziecka** z do-dat-**ko**-vim woo-**zhech**-kyem dla **djets**-ka

with a bath	**z łazienką**
	z wa-**zhen**-kow
with a shower	**z prysznicem**
	s prish-**nee**-tsem
with private facilities	**z wygodami**
	z vi-go-**da**-mee
how much is it per night/ per week?	**ile kosztuje jedna noc/jeden tydzień?**
	ee-le kosh-**too**-ye **yed**-na nots/**ye**-den **ti**-djen?
is breakfast included?	**razem ze śniadaniem?**
	ra-zem ze shnya-**da**-nyem?
I booked a room	**mam zarezerwowany pokój**
	mam za-re-zervo-**va**-ni **po**-kooy
in the name of...	**na nazwisko...**
	na naz-**vees**-ko...
where can I park the car?	**gdzie mogę zaparkować samochód?**
	gdje **mo**-ge za-par-**ko**-vach sa-**mo**-hoot?
I'd like to see the room	**czy można zobaczyć pokój?**
	chi **mozh**-na zo-**ba**-chich **po**-kooy?
have you anything cheaper?	**czy jest coś tańszego?**
	chi yest tsosh tan-**she**-go?
what time is...?	**o której godzinie jest...?**
	o **ktoo**-rey go-**djee**-nye yest...?
dinner	**obiad**
	ob-yat
breakfast	**śniadanie**
	shnya-**da**-nye
room number...	**numer pokoju**
	noo-mer po-**ko**-yoo
the key, please	**proszę klucz**
	pro-she klooch
are there any messages for me?	**czy jest dla mnie jakaś wiadomość?**
	chi yest dla mnye **ya**-kash vya-**do**-moshch?
can I send a fax?	**czy mogę wysłać fax?**
	chi **mo**-ge **vis**-wach fax?
can I leave this in the safe?	**czy mogę to zostawić w sejfie?**
	chi **mo**-ge to zos-**ta**-veech v **sey**-fye?

do you have	**czy są usługi pralnicze?**
a laundry service?	chi sow us-**woo**-gee pral-**nee**-che?
come in!	**proszę wejść!**
	pro-she veyshch!
please come	**proszę wrócić później**
back later	**pro**-she **vroo**-cheech **poozh**-nyey
please clean	**proszę posprzątać mój pokój/łazienkę**
my room/	**pro**-she pos-**pzhon**-tach mooy **po**-kooy/
the bathroom	wa-**zhyen**-ke
I'm leaving	**jutro wyjeżdżam**
tomorrow	**yoo**-tro vi-**yezh**-djam
please prepare	**proszę wystawić rachunek**
the bill	**pro**-she vis-**ta**-veech ra-**hoo**-nek

Self-catering

• •

• There are plenty of self-catering apartments and houses to rent.
• The voltage in Poland is 220. Plugs have two round pins and you should take an adaptor if you plan to take any electrical appliances with you.

where is the key	**gdzie są klucze do tych drzwi?**
for this door?	gdje sow **kloo**-che do tih dzhvee?
please show me	**proszę mi pokazać, jak to działa**
how this works	**pro**-she mee po-**ka**-zach, yak to **dzya**-wa
how does the	**jak działa ogrzewanie?**
heating work?	yak **dja**-wa og-zhe-**va**-nye?
who do we	**z kim można się skontaktować w razie**
contact if there	**problemów?**
are problems?	s keem **mozh**-na she skon-tak-**to**-vach **v ra**-zhe
	pro-**ble**-moof?
we need extra	**potrzebujemy więcej pościeli/sztućców**
bedding/cutlery	pot-zhe-boo-**ye**-mi **vyen**-tzey posh-**che**-lee/
	shtooch-tzoof
the gas has run out	**gaz się skończył**
	gas she **skon**-chiw

where are the fuses?	**gdzie są bezpieczniki?**
	gdje sow bez-pyech-**nee**-kee?
is there always hot water?	**czy zawsze jest gorąca woda?**
	chi **zaf**-she yest go-**ron**-tsa **vo**-da?
where do we leave the rubbish?	**gdzie można zostawić śmieci?**
	gdje **mozh**-na zo-**sta**-veech **shmye**-chee?

Camping and caravanning

• Camping is popular and there are a lot of campsites in Poland, particularly along the seaside, in the mountains, and in the north-east (popular tourist lake area).
• When camping or caravanning it is best to leave rubbish in a large collective container on site, wrapped in a plastic bag. Rubbish removal is the responsibility of the camping/hostel manager.
• Recycling facilities are practically non-existent in Poland at present and therefore it is not necessary to separate recyclable rubbish such as cans, cardboard, plastic bottles etc.
• Rubbish is usually removed 2-3 times a week in towns and once a week in rural areas.

we're looking for a campsite	**szukamy kempingu**
	shoo-**ka**-mi kem-**peen**-goo
have you a list of campsites?	**czy jest wykaz kempingów?**
	chi yest **vi**-kaz kem-**peen** goof?
where is the campsite?	**gdzie jest kemping?**
	gdje yest **kem**-peeng?
is the campsite near the beach?	**czy kemping jest blisko plaży?**
	chi **kem**-peeng yest **blees**-ko **pla**-zhi?
do you have any vacancies?	**czy są wolne miejsca?**
	chi sow **vol**-ne **myey**-stsa?
we'd like to stay for ... nights	**chcielibyśmy zatrzymać się na ...**
	noce/nocy
	hche-lee-bish-mi za-**tshi**-mach she na ...
	no-tse/no-tsi

how much is it...?	**ile kosztuje...?**
	ee-le kosh-**too**-ye...?
does the price include...?	**czy w tej cenie jest...?**
	chi f tey **tse**-nye yest...?
showers/ hot water/ electricity	**prysznic/gorąca woda/elektryczność**
	prish-neets/go-**ron**-tsa **vo**-da/ e-lek-**trich**-noshch
it is very muddy here	**tu jest dużo błota**
	too yest **doo**-zho **bwo**-ta
is there another site?	**czy jest inny kemping?**
	chi yest **een**-ni **kem**-peeng?
can we park our caravan here?	**czy możemy tu zaparkować naszą przyczepę?**
	chi mo-**zhe**-mi too za-par-**ko**-vach **na**-show pzhi-**che**-pe?
is there a restaurant/ self-service café on the campsite?	**czy jest restauracja/ bar samoobsługowy na kempingu?**
	czy yest re-stau-**ra**-tsya/ bar sa-mo-ops-woo-**go**-vi na kem-**peen**-goo?

Different travellers

Children

....

- Public transport is free for children under 4. Children between the ages of 4 and 12 pay half price.
- Child seats/booster seats must be used up to 12 years of age and up to 150 cm in height. It is forbidden to carry children of less than 12 years in the front passenger seat.
- Children are welcome in restaurants and it is possible to order smaller portions.

a child's ticket	**bilet dla dziecka**
	bee-let dla **djets**-ka
he/she is ...	**on/ona ma ... lata/lat**
years old	on/ona ma ... **la**-ta/lat
is there a reduction for children?	**czy jest zniżka dla dzieci?**
	chi yest **zneesh**-ka dla **dje**-chee?
do you have a children's menu?	**czy jest menu dla dzieci?**
	chi yest me-**ni** dla **dje**-chee?
is it ok to take children?	**czy można wziąść dzieci?**
	chi **mozh**-na vzhonsh-ch **dje**-chee?
what is there for children to do?	**jakie są atrakcje dla dzieci?**
	ya-kye sow at-**rak**-tzye dla **dje**-chee?
is it safe to give to children?	**czy jest to bezpieczne do podania dzieciom?**
	chi yest to bez-**pyech**-ne do po-**da**-nya **dje**-chyom?
do you have...?	**czy jest...?**
	chi yest...?
a high chair	**wysokie krzesełko**
	vi-**so**-kye kshe-**sew**-ko

a cot	**łóżeczko**
	woo-**zhech**-ko
I have two children	**mam dwoje dzieci**
	mam **dvo**-ye **dje**-chee
do you have	**czy ma pan/pani dzieci?**
any children?	chi ma pan/**pa**-nee **dje**-chee?

Special needs

••

• Public transport: a lot of old-style buses and trams are not yet adapted to carrying the disabled, however, the modern, low-floor type vehicles are able to carry wheelchairs.
• More and more disabled toilets are available at petrol stations and in supermarkets.
• New or renovated shops and office buildings have obligatory ramps for the disabled.
• When ordering a taxi it is important to indicate the requirement for a disabled person to travel.

what facilities	**jakie są ułatwienia dla**
do you have for	**niepełnosprawnych?**
disabled people?	**ya**-kye sow oo-wat-**fye**-nya dla
	nye-pe-wno-**sprav**-nih?
are there any toilets	**czy są toalety dla niepełnosprawnych?**
for the disabled?	chi sow to-a-**le**-ti dla nye-pe-wno-**sprav**-nih?
do you have any	**czy są pokoje na parterze?**
bedrooms on	chi sow po-**ko**-ye na par-**te**-zhe?
the ground floor?	
is there a lift?	**czy jest winda?**
	chi yest **veen**-da?
where is the lift?	**gdzie jest winda?**
	gdje yest **veen**-da?
can you visit ... in	**czy można odwiedzić ... na wózku**
a wheelchair?	**inwalidzkim?**
	chi **mozh**-na od-**vye**-djeech ... na **voos**-koo
	een-va-**leets**-keem?

do you have any wheelchairs?	**czy są wózki inwalidzkie?**
	chi sow **voos**-kee een-va-**leets**-kye?
where is the wheelchair-accessible entrance?	**gdzie można wjechać wózkiem inwalidzkim?**
	gdje **mozh**-na **vye**-hach **voos**-kyem een-va-**leets**-keem?
is there a reduction for disabled people?	**czy jest zniżka dla ludzi niepełnosprawnych?**
	chi yest **zneesh**-ka dla **loo**-djee nye-pe-wnó-**sprav**-nih?
is there somewhere I can sit down?	**czy można tu gdzieś usiąść?**
	chi **mozh**-na too gdjesh **oo**-shonshch?

Exchange visitors

● ●

● These phrases are intended for families hosting Polish-speaking visitors.

● Lunchtime meal, **obiad** (o-byad) is usually eaten between 12.30–1.30pm (for those working 9–5 hours), however those who finish work early eat **obiad** around 4pm. Polish people usually eat the evening meal, **kolacja** (ko-**la**-tsya) quite early, around 6.30–7pm, but again this may vary depending on the family's working patterns.

what would you like for breakfast?	**czego sobie pan/pani życzy na śniadanie?**
	che-go **so**-bye pan/**pa**-nee **zhee**-chi na shnya-**da**-nye?
do you eat...?	**czy pan/pani je...?**
	chi pan/**pa**-nee ye...?
what would you like to eat?	**co chciałby pan/chciałaby pani zjeść?**
	tzo **hchyaw**-bi pan/hchya-**wa**-bi **pa**-nee zyeshch?
what would you like to drink?	**czego chciałby pan/chciałaby pani się napić?**
	che-go **hchyaw**-bi pan/hchya-**wa**-bi **pa**-nee she **na**-peech?

did you sleep well?	**czy dobrze pan spał/pani spała?** chi **dob**-zhe pan spaw/**pa**-nee **spa**-wa?
would you like to take a shower?	**czy chciałby pan/chciałaby pani wziąć prysznic?** chi **hchyaw**-bi pan/hchya-**wa**-bi **pa**-nee vzhyonch **prish**-neets?
what would you like to do today?	**co chciałby pan/chciałaby pani dzisiaj robić?** tzo **hchyaw**-bi pan/hchya-**wa**-bi **pa**-nee **dzee**-shyay **ro**-beech?
would you like to go shopping?	**czy chciałby pan/chciałaby pani pójść na zakupy?** chi **hchyaw**-bi pan/hchya-**wa**-bi **pa**-nee pooyshch na za-**koo**-pi?
I will pick you up at...	**przyjadę po pana/panią o...** pshi-**ya**-de po **pa**-na/**pa**-nyow o...
take care	**wszystkiego dobrego** vshist-**kye**-go dob-**re**-go
did you enjoy yourself?	**czy panu/pani się podobało?** chi **pa**-noo/**pa**-nee she po-do-**ba**-wo?
please be back by...	**proszę wrócić do...** **pro**-she **vroo**-cheech do...
we'll be in bed when you get back	**będziemy spać, gdy pan/pani wróci** ben-**dje**-mi spach gdi pan/**pa**-nee **vroo**-chee

• These phrases are intended for those people staying with Polish-speaking families.

• If invited to a Polish family for a meal take flowers or chocolates, and a bottle of good alcohol. Food quantities are usually copious!

• Poland is predominantly a Catholic country; religious customs and traditions are important to many Polish families, like attending church on a Sunday, or on religious holidays throughout the year (e.g. 15th August, or 1st November, the All Saints' Day). These days are holidays across the country, and public services, e.g. transport, run according to Sunday schedules.

I like...	**lubię/podoba mi się**...
	loo-bye/po-**do**-ba mee she...
I don't like...	**nie lubię/nie podoba mi się**...
	nye **loo**-bye/nye po-**do**-ba mee she...
that was delicious	**to było bardzo smaczne**
	to **bi**-wo **bar**-dzo **smach**-ne
thank you	**dziękuję bardzo**
very much	djen-**koo**-ye **bar**-dzo
may I phone home?	**czy mogę zadzwonić do domu?**
	chi **mo**-ge zadz-**vo**-neech do **do**-moo?
may I make	**czy mogę zadzwonić pod lokalny numer?**
a local call?	chi **mo**-ge zadz-**vo**-neech pod lo-**kal**-ni **noo**-mer?
can I have a key?	**czy mogę prosić o klucz?**
	chi **mo**-ge **pro**-sheech o klooch?
can you take	**czy może pan/pani mnie zawieźć**
me by car?	**samochodem?**
	chi **mo**-zhe pan/**pa**-nee mnye **za**-vyeshch sa-mo-**ho**-dem?
can I borrow...?	**czy mogę pożyczyć...?**
	chi **mo**-ge po-**zhi**-chich...?
an iron	**żelazko**
	zhe-**laz**-ko
a hairdryer	**suszarkę do włosów**
	soo-**shar**-ke do **vwo**-soof
what time do	**o której pan/pani wstaje?**
you get up?	o **kto**-rey pan/**pa**-nee **fsta**-ye?
please could you	**czy może pan/pani do mnie zadzwonić**
call me at...?	**pod numer...?**
	chi **mo**-zhe pan/**pa**-nee do mnye zadz-**vo**-neech pod **noo**-mer...?
I'm leaving in	**wyjeżdżam za tydzień**
a week	vi-**jezh**-djam za **ti**-dzyen
thanks for	**dziękuję za wszystko**
everything	djen-**koo**-ye za **vshist**-ko
I've had a great	**dobrze się bawiłem/bawiłam**
time	**dob**-zhe she ba-**vee**-wem/ba-**vee**-wam

Difficulties

Problems

• Beware of pickpockets and bag-snatchers, especially in tourist areas and crowded spaces.
• If you need to contact police, call 997, or look out for the police station (**komisariat policji** or **policja**).
• Lost objects counters (**biuro rzeczy znalezionych, byoo**-ro **zhe**-chi zna-le-**zhyo**-nih) are usually available at train stations.

can you help me?	**czy mogę prosić o pomoc?**
	chi **mo**-ge **pro**-sheech o **po**-mots?
I don't speak Polish	**nie mówię po polsku**
	nye **moo**-vye po **pol**-skoo
does anyone here speak English?	**czy ktoś tu mówi po angielsku?**
	chi ktosh too **moo**-vee po an-**gyel**-skoo?
I'm lost	**zgubiłem(łam) się**
	zgoo-**bee**-wem(wam) she
I need to get to the airport	**muszę dostać się na lotnisko**
	moo-she **dos**-tach she na lot-**nees**-ko
I missed my train/ plane/connection	**spóźniłem(łam) się na pociąg/ na samolot/na połączenie**
	spoozh-**nee**-wem(wam) she na **po**-chonk/ na sa-**mo**-lot/na po-won-**che**-nye
I have lost my passport	**zgubiłem(łam) paszport**
	zgoo-**bee**-wem(wam) **pash**-port
I have lost my money	**zgubiłem(łam) pieniądze**
	zgoo-**bee**-wem(wam) pye-**nyon**-dze
please leave me alone!	**proszę zostawić mnie w spokoju!**
	pro-she zos-**ta**-veech mnye f spo-**ko**-yoo!

go away	**proszę odejść**
	pro-she **o**-deyshch
what's the matter?	**o co chodzi?**
	o tso **ho**-djee?
I would like to speak to whoever is in charge of...	**chciałbym/chciałabym mówić z kierownikiem**
	hchaw-bim/**hcha**-wa-bim **moo**-veech s kye-rov-**nee**-kyem
how do you get to...? (on foot)	**jak dojść do...?**
	yak doyshch do..?
I've missed my flight because there was a strike	**spóźniłem(łam) się na samolot bo był strajk**
	spoozh-**nee**-wem(wam) she na sa-**mo**-lot bo biw strayk
the coach has left without me	**autokar odjechał beze mnie**
	au-**to**-kar od-**ye**-haw be-**zem**-nye
can you show me how this works, please?	**czy może mi pan/pani pokazać jak to działa?**
	chi **mo**-zhe mee pan/**pa**-nee po-**ka**-zach yak to **dja**-wa?
how does this work?	**jak to działa?**
	yak to **dja**-wa?
what does this mean?	**co to znaczy?**
	tso to **zna**-chi?
I need to get in touch with the British consulate	**muszę skontaktować się z konsulatem brytyjskim**
	moo-she skon-tak-**to**-vach she s kon-soo-**la**-tem bri-**tiys**-keem

Complaints

●   73

● Do not hesitate to complain if you find the service is not what you expected. Ask to speak to the manager – **kierownik** (kye-**rov**-neek) if you are having difficulties resolving the problem.

English	Polish
it's broken	**to jest zepsute**
	to yest zep-**soo**-te
this does not work	**to nie działa**
	to nye **dja**-wa
heating	**ogrzewanie**
	og-zhe-**va**-nye
air conditioning	**klimatyzycja**
	klee-ma-ti-**za**-tsya
light	**światło**
	shfyat-wo
toilet	**toaleta**
	to-a-**le**-ta
the room/ toilet is dirty	**pokój jest brudny/toaleta jest brudna**
	po-kooy yest **brood**-ni/to-a-**le**-ta yest **brood**-na
there is no hot water/ toilet paper	**nie ma gorącej wody/ papieru toaletowego**
	nye ma go-**ron**-tsey **vo**-di/ pa-**pye**-roo to-a-le-to-**ve**-go
it is too noisy/ too small	**tu jest za głośno/tu jest za mało miejsca**
	too yest za **glosh**-no/too yest za **ma**-wo **myey**-stsa
there is a mistake	**nastąpiła pomyłka**
	nas-ton-**pee**-wa po-**miw**-ka
this isn't what I ordered	**nie to zamówiłem/zamówiłam**
	nye to za-moo-**vee**-wem/za-moo-**vee**-wam
I want to complain	**chcę złożyć zażalenie**
	htse **zwo**-zhich za-zha-**le**-nye
we've been waiting a long time	**czekamy od dawna**
	che-**ka**-mi od **dav**-na
I want a refund	**proszę o zwrot pieniędzy**
	pro-she o zvrot pye-**nyen**-dzi

Emergencies

●●

- Useful phone numbers: 999 – emergency/ambulance;
998 – fire brigade; 997 – police.
- 118 118 – phone directory (1,59 PLN/minute from a Polish landline phone). English is not widely spoken at those services and thus you need to be prepared to state your problem in Polish.

help!	**pomocy!** po-**mo**-tsi!
fire!	**pożar!** **po**-zhar!
can you help me?	**proszę o pomoc** **pro**-she o **po**-mots
there's been an accident!	**jest wypadek!** yest vi-**pa**-dek!
someone...	**ktoś...** ktosh...
has been injured	**jest ranny** yest **ran**-ni
has been knocked down	**został przewrócony** **zo**-staw pshe-vroo-**tso**-ni
please call...	**proszę zadzwonić po...** **pro**-she za-**dzvo**-neech po...
the police	**policję** po-**lee**-tsye
an ambulance	**pogotowie** po-go-**to**-vye
where is the police station?	**gdzie jest komisariat policji?** gdje yest ko-mee-**sar**-yat po-**lee**-tsee?
I want to report a crime	**chcę zgłosić przestępstwo** htse **zgwo**-sheech pshes-**tem**-pstfo
I've been robbed	**okradziono mnie** o-kra-**djo**-no mnye
I've been attacked	**napadnięto mnie** na-pad-**nyen**-to mnye

someone's stolen...	**ukradli mi...**
	ook-**rad**-lee mee...
my bag	**torbę**
	tor-be
traveller's cheques	**czeki podróżne**
	che-kee pod-**roozh**-ne
my car has been broken into	**ktoś włamał się do mojego samochodu**
	ktosh **vwa**-maw she do mo-**ye**-go sa-mo-**ho**-doo
my car has been stolen	**ukradziono mi samochód**
	ook-ra-**djo**-no mee sa-**mo**-hoot
I've been raped	**zostałam zgwałcona**
	zos-**ta**-wam zgvaw-**tso**-na
I want to speak to a policewoman	**chcę rozmawiać z policjantką**
	htse roz-**ma**-vyach s po-lee-**tsyant**-kow
I need to make a telephone call	**muszę zadzwonić**
	moo-she za-**dzvo**-neech
I need a report for my insurance	**potrzebuję dokument dla firmy ubezpieczeniowej**
	po-tshe-**boo**-ye do**koo**ment dla **feer**-mi oo-bes-pye-che-**nyo**-vey
I didn't know there was a speed limit	**nie wiedziałem(łam) że jest ograniczenie prędkości**
	nye vye-**dja**-wem(wam) zhe yest o-gra-nee-**che**-nye prent-**kosh**-chee
how much is the fine?	**ile wynosi mandat?**
	ee-le vi-**no**-shee **man**-dat?
where do I pay it?	**gdzie płacę?**
	gdje **pwa**-tse?
do I have to pay it straightaway?	**czy muszę zapłacić od razu?**
	chi **moo**-she za-**pwa**-cheech od-**ra**-zoo?
I'm very sorry	**bardzo przepraszam**
	bar-dzo pshe-**pra**-sham

Health

Health

• UK travellers should carry an E111 card, entitling them to use the Polish state-owned health care. Additional travel insurance is also recommended.

• The vast majority of hospitals are state-governed. It is possible to access private health care, there is no need to be registered as a patient, however payment is always in cash. There are plenty of private specialist doctors' practices in towns.

• Pharmacies are widespread and offer a good variety of both Polish and foreign products. Some of these are available over the counter; some require a doctor's prescription. Many pharmacies accept foreign credit cards, however be prepared to have cash on you. Pharmacies are always identified with the word **apteka** (ap-**te**-ka).

can you give me something for...?	**czy mogę dostać coś na...?** chi **mo**-ge **dos** tach tsosh na...?
a headache	**ból głowy** hool **gwo**-vi
car sickness	**chorobę lokomocyjną** ho-**ro**-be lo-ko-mo-**tsiy**-now
a cough	**kaszel** **ka**-shel
diarrhoea	**rozwolnienie** roz-vol-**nye**-nye
is it safe for children?	**czy to bezpieczne dla dzieci?** chi to bes-**pyech**-ne dla **dje**-chee?
how much should I give him/her?	**ile mam mu/jej dać?** **ee**-le mam moo/yey dach?

I feel ill	**źle się czuję**
	zhle she **choo**-ye
I need a doctor	**potrzebuję lekarza**
	po-tshe-**boo**-ye le-**ka**-zha
my son/	**mój syn jest chory/**
my daughter is ill	**moja córka jest chora**
	moy sin yest **ho**-ri/**mo**-ya **tsoor**-ka yest **ho**-ra
I'm diabetic	**mam cukrzycę**
	mam tsook-**shi**-tse
I'm pregnant	**jestem w ciąży**
	yes-tem **f chon**-zhi
I'm on the pill	**zażywam tabletki antykoncepcyjne**
	za-**zhi**-vam tab-**let**-kee an-ti-kon-tsep-**tsiy**-ne
I'm allergic to	**jestem uczulony(a) na penicylinę**
penicillin (m/f)	**yes**-tem oo-choo-**lo**-ni(a) na pe-nee-tsi-**lee**-ne
will he/she have	**czy on/ona musi iść do szpitala?**
to go to hospital?	chi on/ona **moo**-shee eeshch do shpee-**ta**-la?
when are the	**kiedy są godziny odwiedzin?**
visiting hours?	**kye**-di sow go-**djee**-ni od-**vye**-djeen?
will I have to pay?	**czy muszę zapłacić?**
	chi **moo**-she zap-**wa**-cheech?
how much will	**ile to będzie kosztować?**
it cost?	**ee**-le to **ben**-dje kosh-**to**-vach?
can you give me	**czy mogę dostać kwit dla firmy**
a receipt for	**ubezpieczeniowej?**
the insurance?	chi **mo**-ge **dos**-tach kfeet dla **fee**-rmi
	oo-bes-pye-che-**nyo**-vey?
I need a dentist	**potrzebuję dentysty**
	po-tshe-**boo**-ye den-**tis**-ti
can you do a	**czy można zrobić tymczasową plombę?**
temporary filling?	chi **mozh**-na **zro**-beech tim-cha-**so**-vow
	plom-be?
it hurts	**boli**
	bo-lee
can you give me	**czy mogę dostać coś na ból?**
something for	chi **mo**-ge **dos**-tach tsosh na bool?
the pain?	

can you repair my dentures?	**czy można zreperować moją protezę?** chi **mozh**-na zre-pe-**ro**-vach **mo**-yow pro-**te**-ze?
do I have to pay?	**czy muszę zapłacić?** chi **moo**-she za-**pwa**-cheech?
how much will it be?	**ile to kosztuje?** **ee**-le to kosh-**too**-ye?
can I have a receipt for my insurance?	**proszę o rachunek dla ubezpieczalni** **pro**-she o ra-**hoo**-nek dla oo-bes-pye-**chal**-nee

Business

Business

• Office hours are usually 9am–6pm. Government offices such as town halls have shorter opening times (4.30–5pm on weekdays) and rarely open on Saturdays.

I'm...	nazywam się... na-**zi**-vam she...
here's my business card	oto moja wizytówka o-to **mo**-ya vee-zi-**toof**-ka
I'm from...	jestem z firmy... **yes**-tem z **feer**-mi...

I'd like to arrange
  a meeting with
  Mr/Ms...
	chciałbym/chciałabym spotkać się z
	  panem/panią...
	hchaw-bim/**hcha**-wa-bim **spot**-kach she z
	  pa-nem/**pa**-nyow...

on 4 May at 11 o'clock	czwartego maja o jedenastej chvar-**te**-go **ma**-ya o ye-de-**nas**-tey

can we meet at
  a restaurant?
	czy możemy spotkać się w restauracji?
	chi mo-**zhe**-mi **spot**-kach she v
	  res-taw-**ra**-tsyee?

I will confirm by e-mail	potwierdzę e-mailem pot-**fyer**-dze ee-**mey**-lem
what's your e-mail address?	jaki jest pana/pani adres e-mail? **ya**-kee yest **pa**-na/**pa**-nee **ad**-res **ee**-meyl?

what is your
  website address?
	jaki jest adres pana/pani strony
	  internetowej?
	ya-kee yest **ad**-res **pa**-na/**pa**-nee **stro**-ni
	  een-ter-ne-**to**-vey?

where can I plug in my laptop?	**gdzie mogę podłączyć laptopa?** gdje **mo**-ge pod-**won**-cheech lap-**to**-pa?
I'm staying at Hotel...	**mieszkam w hotelu...** **myesh**-kam v ho-**te**-loo...
how do I get to your office?	**jak się dostanę do pana/pani biura?** yak she dos-**ta**-ne do **pa**-na/**pa**-nee **byoo**-ra?
I have an appointment with ... at ... o'clock	**mam spotkanie z ... o ... godzinie** mam spot-**ka**-nye z ... o ... go-**dzyee**-nye
I'm delighted to meet you	**bardzo mi miło pana/panią poznać** **bar**-dzo mee **mee**-wo **pa**-na/**pa**-nyow **poz**-nach
here is some information about my company	**oto informacje o mojej firmie** **o**-to een-for-**ma**-tsye o **mo**-yey **feer**-mye
my Polish isn't very good	**nie mówię dobrze po polsku** nye **moo**-vye **dob**-zhe po **pol**-skoo
I need an interpreter	**potrzebuję tłumacza** pot-zhe-**boo**-ye twoo-**ma**-cha
I would like some information about the company	**chciałbym/chciałabym uzyskać informacje o firmie** **hchaw**-bim/hcha-**wa**-bim oo-**zis**-kach een-for-**ma**-tsye o **feer**-mye
what is the name of the managing director?	**jak się nazywa główny dyrektor?** yak she na-**zi**-va **gwoov**-ni di-**rek**-tor?

Phoning

• •

• Public phones are mainly available for use with phone cards, although some older types, which are rare nowadays, use coins. Cards can be purchased at post offices, newspaper kiosks and petrol stations.

- To call abroad from Poland, dial **oo** followed by the country code, e.g. **44** for the UK.
- The international code for Poland is **0048** plus the Polish town or area code less the first **0**, for example, **Warsaw (0)22**, **Poznań (0)61**, **Kraków (0)12**.
- One of the most convenient ways to make phone calls abroad is to purchase a card called '**Teleświat**' to the value of 10, 15, 25 or 50 PLN, available from post offices. These allow you to make very low-cost phone calls to landlines in countries like UK, Canada or the US.
- Other cheap calling options include: the '**Telegrosik**', '**Telepin**', '**Papuga**', '**Telerabat**' and '**Onettelefon**' cards (similar concept to the **Teleświat**). It is best to enquire at the post office, stating which country you want to call, and the clerk will advise you.

I want to make a phone call	czy mogę zatelefonować?
	chi **mo**-ge za-te-le-fo-**no**-vach?
where can I buy a phonecard?	gdzie mogę kupić kartę telefoniczną?
	gdje **mo**-ge **koo**-pich **kar**-te te-le-fo-**neech**-now?
a phonecard for ... zloties	proszę kartę telefoniczną za ... złotych
	pro-she **kar**-te te-le-fo-**neech**-now za ... **zwo**-tich
hello (answering the phone)	słucham
	swoo-ham
who's calling?	kto mówi?
	kto **moo**-vee?
I'd like to speak to ..., please	chciałbym/chciałabym rozmawiać z...
	hchaw-bim/**hcha**-wa-bim roz-**ma**-vyach z...
I'll call back later	zadzwonię później
	za-**dzvo**-nye **poozh**-nyey
I'll call back tomorrow	zadzwonię jutro
	za-**dzvo**-nye **yoo**-tro
this is... (speaking)	mówi...
	moo-vee...
how do I get an outside line?	jak wybrać zewnętrzną linię?
	yak **vi**-brach zev-**nen**-tshnow **lee**-nye?

I'm trying to connect you	próbuję połączyć
	proo-**boo**-ye po-**won**-chich
the line is engaged, please try later	linia jest zajęta, proszę spróbować później
	lee-nya yest za-**yen**-ta, **pro**-she sproo-**bo**-vach **poozh**-nyey
do you want to leave a message?	czy chce pan/pani zostawić wiadomość?
	chi htse pan/**pa**-nee zos-**ta**-veech vya-**do**-moshch?
...please leave a message after the tone	...proszę zostawić wiadomość po sygnale
	...**pro**-she zos-**ta**-veech vya-**do**-moshch po sig-**na**-le
please switch off all mobile phones	proszę wyłączyć wszystkie telefony komórkowe
	pro-she vi-**won**-chich **fshis**-tkye te-le-**fo**-ni ko-moor-**ko**-ve

Text messaging

. . . .

• SMS is widely used in Poland.
• The main networks for mobile phones are Plus GSM, Era, Orange, Heyah, all of them compatible with western mobile providers. These will therefore work as normal on a western mobile phone, as long as roaming service is activated.
• Mobile top-up cards are available from newsagents' kiosks, post offices and small supermarkets.

I will text you (informal)	wyślę ci esemesa (SMS'a)
	vi-shle chee es-em-**es**-a
can you text me?	czy możesz mi wysłać esemesa? (SMS'a)
	chi **mo**-zhesh mee **vis**-wach es-em-**es**-a?

E-mail/fax

• An informal way to write an email is to address it with **Cześć…!** (Hi/Hello) and end it with **Na razie** (bye for now). For more formal e-mails, begin with either **Szanowny Panie** (for a man) or **Szanowna Pani** (for a woman).

• The code to send faxes to Poland from Britain is **0048** plus the Polish area code without the first **0**, for example, Warsaw **0048 22**, Kraków **0048 12**.

do you have an e-mail?	**czy ma pan/pani e-mail?** chi ma pan/**pa**-nee **ee**-meyl?
what is your e-mail address?	**jaki jest pana/pani adres mailowy?** **ya**-kee yest **pa**-na/**pa**-nee **ad**-res mey-**lo**-vi?
my e-mail address is...	**mój adres mailowy to...** mooy **ad**-res mey-**lo**-vi to...
clare.smith@ bit.co.uk	**clare kropka smith małpa bit kropka co kropka uk** klare **krop**-ka smith **maw**-pa bit **krop**-ka tse-oh **krop**-ka oo ka
how do you spell it?	**jak to się pisze?** yak to she **pee**-she?
all one word	**jedno słowo** **yed**-no **swo**-vo
all lower case	**małe litery** **ma**-we lee-**te**-ri
can I send an e-mail?	**czy mogę wysłać e-mail?** chi **mo**-ge **vi**-swach **ee**-meyl?
did you get my e-mail?	**czy doszedł mój e-mail?** chi **do**-shed mooy **ee**-meyl?
I want to send a fax	**chciałbym/chciałabym wysłać faks** **hchaw**-bim/**hcha**-wa-bim **vis**-wach faks
what is your fax number?	**jaki jest numer pana/pani faksu?** **ya**-kee yest **noo**-mer **pa**-na/**pa**-nee **fa**-ksoo?
my fax number is...	**numer mojego faksu...** **noo**-mer mo-**ye**-go **fa**-ksoo...

Internet/cybercafé

• •

• Computer terminology tends to be in English and you will find the same with the internet.
• A popular word for '@' is **małpa** (**maw**-pa), literally 'monkey'. The word for 'dot' is **kropka** (**krop**-ka) and www. is voo-voo-voo **krop**-ka.
• In large towns/city centres such as **Kraków**, as well as at many airports, wi-fi spots are available.
• The most popular search engine is **www.google.pl**, and among the best-known portals are: **www.onet.pl** and **www.wirtualnapolska.pl**. The ending for Polish websites is **.pl** or **.com.pl**.

are there any internet cafés here?	**czy jest tu kawiarenka internetowa?** chi yest too ka vya **re**-nka een-ter-ne-**to**-va?
how much is it to log on for an hour?	**ile kosztuje godzina na internecie?** **ee**-le kosh-**too**-ye go-**djee**-na na een-ter-**ne**-che?
I'd like to check my email	**chciałbym/chciałabym sprawdzić moje emaile** **hchaw**-bim/**hcha**-wa-bim **sprav**-djeech **mo**-ye ee-**mey**-le
how much is it ... for 15 minutes/for one hour/to print something out?	**ile kosztuje ... 15 minut/godzina/ wydrukowanie czegoś?** **ee**-le kosh-**too**-ye ... pyet-**nash**-che **mee**-noot/go-**djee**-na/vid-roo-ko-**va**-nye **che**-gosh?
I'd like to put these photos onto CD	**chciałbym/chciałabym nagrać te zdjęcia na CD** **hchaw**-bim/**hcha**-wa-bim **na**-grach te **zdyen**-cha na see-**dee**
could you print it out?	**czy może Pan/Pani to wydrukować?** chi **mo**-zhe pan/**pa**-nee to vid-roo-**ko**-vach?

where can I buy a memory stick?	gdzie mogę kupić nośnik pamięci memory stick?
	gdje **mo**-ge **koo**-peech **no**sh-neek pamj**en**chee **me**-mori stik?
could you help me please?	czy może Pan/Pani mi pomóc?
	chi **mo**-zhe pan/**pa**-nee mee **po**-moots?
it doesn't work	to nie działa
	to nye **dja**-wa
this computer has crashed	ten komputer się zawiesił
	ten kom-**poo**-ter she za-**vye**-shiw

Practical info

Numbers

0	zero	**ze**-ro
1	jeden	**ye**-den
2	dwa	dva
3	trzy	tshi
4	cztery	**chte**-ri
5	pięć	pyench
6	sześć	sheshch
7	siedem	**shye**-dem
8	osiem	**o**-shem
9	dziewięć	**dje**-vyench
10	dziesięć	**dje**-shench
11	jedenaście	ye-de-**nash**-che
12	dwanaście	dva-**nash**-che
13	trzynaście	tshi-**nash**-che
14	czternaście	chter-**nash**-che
15	piętnaście	pyet-**nash**-che
16	szesnaście	shes-**nash**-che
17	siedemnaście	she-dem-**nash**-che
18	osiemnaście	o-shem-**nash**-che
19	dziewiętnaście	dje-vyet-**nash**-che
20	dwadzieścia	dva-**djesh**-cha
21	dwadzieścia jeden	dva-**djesh**-cha **ye**-den
22	dwadzieścia dwa	dva-**djesh**-cha dva
23	dwadzieścia trzy	dva-**djesh**-cha tshi
24	dwadzieścia cztery	dva-**djesh**-cha **chte**-ri
25	dwadzieścia pięć	dva-**djesh**-cha pyench
26	dwadzieścia sześć	dva-**djesh**-cha sheshch
27	dwadzieścia siedem	dva-**djesh**-cha **she**-dem

Numbers

28	dwadzieścia osiem	dva-**djesh**-cha **o**-shem
29	dwadzieścia dziewięć	dva-**djesh**-cha **dje**-vyench
30	trzydzieści	tshi-**djesh**-chee
40	czterdzieści	chter-**djesh**-chee
50	pięćdziesiąt	pyen-**dje**-shont
60	sześćdziesiąt	shesh-**dje**-shont
70	siedemdziesiąt	she-dem-**dje**-shont
80	osiemdziesiąt	o-shem-**dje**-shont
90	dziewięćdziesiąt	dje-vyen-**dje**-shont
100	sto	sto
110	sto dziesięć	sto **dje**-shench
1000	tysiąc	**ti**-shonts
2000	dwa tysiące	dva ti-**shon**-tse
1 million	milion	**meel**-yon
1 billion	miliard	**meel**-yard
1st	pierwszy	**pyerf**-shi
2nd	drugi	**droo**-gee
3rd	trzeci	**tshe**-chee
4th	czwarty	**chfar**-ti
5th	piąty	**pyon**-ti
6th	szósty	**shoos**-ti
7th	siódmy	**shood**-mi
8th	ósmy	**oos**-mi
9th	dziewiąty	dje-**vyon**-ti
10th	dziesiąty	dje-**shon**-ti

Days and months

Monday	poniedziałek	po-nye-**dja**-wek
Tuesday	wtorek	**fto**-rek
Wednesday	środa	**shro**-da
Thursday	czwartek	**chfar**-tek
Friday	piątek	**pyon**-tek
Saturday	sobota	so-**bo**-ta
Sunday	niedziela	nye-**dje**-la

January	styczeń	**sti**-chenh
February	luty	**loo**-ti
March	marzec	**ma**-zhets
April	kwiecień	**kfye**-chen
May	maj	may
June	czerwiec	**cher**-vyets
July	lipiec	**lee**-pyets
August	sierpień	**sher**-pyen
September	wrzesień	**vzhe**-shen
October	październik	pazh-**djer**-neek
November	listopad	lees-**to**-pat
December	grudzień	**groo**-djen

Seasons

....

spring	wiosna	**vyos**-na
summer	lato	**la**-to
autumn	jesień	**ye**-shen
winter	zima	**zhee**-ma

what is today's date?	którego jest dzisiaj?
	ktoo-**re**-go yest **djee**-shay?
what day is it today?	jaki jest dzisiaj dzień?
	ya-ki yest **djee**-shay djen?
it's the 5th of March 2007	jest piąty marca dwa tysiące słódmego roku
	yest pyon-**ti mar**-tsa dva ti-**shon**-tse shood-**me**-go **ro**-koo
on Saturday	w sobotę
	f so-**bo**-te
on Saturdays	w soboty
	f so-**bo**-ti
every Saturday	w każdą sobotę
	f **kazh**-dow so-**bo**-te

this Saturday	w tą sobotę
	f tow so-**bo**-te
next Saturday	w następną sobotę
	v nas-**tem**-pnow so-**bo**-te
last Saturday	w ostatnią sobotę
	v os-**tat** nyow so-**bo**-te
in June	w czerwcu
	f **cher**-ftsoo
at the beginning of June	na początku czerwca
	na po-**chont**-koo **cherf**-tsa
at the end of June	w końcu czerwca
	f **kon**-tsoo **cherf**-tsa
before summer	przed latem
	pshed la-tem
during the summer	w ciągu lata
	f **chon**-goo **la**-ta
after summer	po lecie
	po **le**-che

Time

•••

• Poland is one hour ahead of the UK, just like the majority of the continental European countries.
• The 24-hour clock is used a lot more in Poland than in Britain. After 12.00 midday, it continues: 13.00 – **trzynasta**, 14.00 – **czternasta**, 15.00 – **piętnasta**, etc. until 24.00 – **dwudziesta czwarta**.

13.30 (1.30pm)	trzynasta trzydzieści
	tshi-**nas**-ta tshi-**djesh**-chi
22.45 (10.45pm)	dwudziesta druga czterdzieści pięć
	dvoo-**djes**-ta **droo**-ga chter-**djesh**-chi pyench
what time is it, please?	przepraszam, która godzina?
	pshe-**pra**-sham **ktoo**-ra go-**djee**-na?
it's...	jest...
	yest...

2 o'clock	**druga**
	droo-ga
3 o'clock	trzecia
	tshe-cha
6 o'clock	szósta
	shoos-ta
it's 1 o'clock	jest pierwsza
	yest **pyerf**-sha
it's midday	jest południe
	yest po-**wood**-nye
it's midnight	jest północ
	yest **poow**-nots
9	dziewiąta
	dje-**vyon**-ta
9.10	dziesięć po dziewiątej
	dje-shench po dje-**vyon**-tey
9.15 (quarter past 9)	piętnaście po dziewiątej
	pyet-**nash**-che po dje-**vyon**-tey
9.20	dwadzieścia po dziewiątej
	dva-**djesh**-cha po dje-**vyon**-tey
9.30	w pół do dziesiątej
	f poow do dje-**shon**-tey
9.35	za dwadzieścia pięć dziesiąta
	za dva-**djesh**-shcha pyench dje-**shon**-ta
9.45 (quarter to 10)	za piętnaście dziesiąta
	za pyen-**tnash**-che dje-**shon**-ta
9.55 (5 to 10)	za pięć dziesiąta
	za pyench dje-**shon**-ta
when does it begin/finish?	kiedy (to) się zaczyna/kończy?
	kye-di (to) she za-**chi**-na/**kon**-chi?
at 3 o'clock	o trzeciej
	o **tshe**-chey
before 3 o'clock	przed trzecią
	pshet **tshe**-chow
after 3 o'clock	po trzeciej
	po **tshe**-chey

Eating out

Polish cuisine

Traditional Polish food can be quite heavy with dishes based on potatoes, cabbage and other boiled vegetables, plus a meat (pork, beef etc.) with gravy. However more and more healthy food options are becoming available, such as salad bars, fresh juice bars, etc.

Some typical, favourite, traditional dishes are:

kotlet pork chop, usually served with mashed or new potatoes, and coleslaw-style salad or cabbage

bigos sauerkraut stew with chunks of bacon and sausage

pierogi dumplings, often with cabbage or minced meat stuffing

barszcz beetroot soup, often served with tortellini-style small dumplings

rosół chicken broth, traditionally served for Sunday lunch

kapuśniak sauerkraut soup

naleśniki pancakes with a variety of fillings, such as jam, cream, or sprinkled with icing sugar

obwarzanki bagels with poppy or sesame seeds

These are popular all over the country, although various regions have their own specialities. For example, **oscypek**, smoked ewe's cheese which is made in the mountains and can be found at open-air markets, predominantly in the southern part of the country.

A traditional, very simple meal is soured milk served with boiled new potatoes (**ziemniaki z kwaśnym mlekiem**).

Polish people are fond of meat, mainly pork and beef, although chicken is popular, too. Various types of fish are appreciated, such as **pstrąg** (trout), **śledź** (herring), **sardynki** (sardines), **łosoś** (salmon) and **węgorz** (eel), the latter very popular at the seaside and excellent smoked. Very good ready-made herring salads are available, made with cream, onions and herbs.

Bread is the staple food at many meals, particularly for breakfast and supper. Various types of bread are available, although white bread, so popular in the UK, is virtually unknown in Poland. Breads are usually bought in unsliced loaves, oval or round in shape.

The Poles are keen tea drinkers, and tea is usually served black, with sugar and a slice of lemon on the side. Do ask for milk when ordering in a restaurant or café. A massive variety of flavoured and herbal teas are available from grocery shops, pharmacies and drugstores such as **Rossmann**. In some restaurants and bars, tea is served in glasses.

Śniadanie (breakfast) is usually eaten around 7-8am and will consist of a cup of tea (**herbata**) or coffee (**kawa**), slices of bread with butter, soft- or hard-boiled eggs or scrambled eggs, dry meats (**wędliny**), cheese (**ser**). **Twaróg** (cottage cheese) is popular on a slice of bread with a dash of honey. Muesli or cornflakes (**płatki śniadaniowe**) are popular as well.

Obiad (lunch), depending on people's working hours, is either eaten light early afternoon; this will usually consist of a sandwich and/or a salad, or around 4pm. **Obiad** usually consists of two dishes: **zupa** (soup) and **drugie danie** (second course), the latter composed of meat/fish, vegetables and potatoes. **Deser** (dessert) could be an ice-cream (**lody**), piece of cake (**ciasto**) or fruit.

Kolacja (supper) is usually lighter than **obiad** and eaten around 7pm. This could consist of bread with butter, dry meats and cheese, boiled sausages with ketchup, horseradish or mustard. Many people are learning to appreciate healthy food options and therefore cook lightly, with the use of vegetables, lean meats and white fish.

Polish cuisine

Ordering drinks

• •

• If you ask for a cup of tea, it will automatically be served black –
you need to ask for milk.
• Vodka and beer are the main drinks of Poland, although wine is
becoming increasingly popular. Vodka can be **czysta** (non-flavoured)
or flavoured. It is drunk from small glasses, always with a little snack.
• The word 'drink' in Polish refers to a combination of neat or
flavoured vodka with fruit juices or Coke. If you ask someone if they
want a drink, they will expect an alcoholic beverage!

a coffee please	**proszę kawę**
	pro-she **ka**-ve
white coffee	**kawa biała (z mlekiem)**
(with milk)	**ka**-va **bya**-wa (**z mle**-kyem)
black coffee	**kawa czarna (bez mleka)**
(without milk)	**ka**-va **char**-na (bez **mle**-ka)
a tea with milk,	**herbatę z mlekiem, proszę**
please	her-**ba**-te z **mle**-kyem, **pro**-she
a beer please	**proszę piwo**
	pro-she **pee**-vo
large	**duże**
	doo-zhe
small	**małe**
	ma-we
a bottle of	**butelka wody mineralnej**
mineral water	boo-**tel**-ka **vo**-di mee-ne-**ral**-ney
sparkling	**z gazem**
	z ga-zem
still	**bez gazu**
	bez **ga**-zoo
the wine list,	**proszę listę win**
please	**pro**-she **lees**-te veen
can you	**czy poleca pan/pani jakieś dobre wino?**
recommend	chi po-**le**-tsa pan/pa-nee **ya**-kyesh
a good wine?	**dob**-re **vee**-no?

a bottle of house wine	**butelka wina stołowego** boo-**tel**-ka **vee**-na sto-wo-**ve**-go
a glass of wine	**kieliszek wina** kye-**lee**-shek **vee**-na
red wine	**czerwone** cher-**vo**-ne
white wine	**białe** **bya**-we
would you like a drink?	**czy chciałby pan/chciałaby pani czegoś się napić?** chi **hchaw**-bi pan/hcha-**wa**-bi **pa**-nee **che**-gosh she **na**-peech?
what will you have?	**co mogę podać?** tso **mo**-ge **po**-dach?

Ordering food

• •

• More and more restaurants offer menus in English.

• Restaurant staff, particularly in large towns and cities, usually speak good English and will be happy to help you with the menu.

I'd like to book a table for ... people	**czy mogę zarezerwować stolik dla ... osób?** chi **mo**-ge za-re-zer-**vo**-vach **sto**-leek dla ... **o**-soop?
for four people	**dla czterech osób** dla **chte**-reh **o**-soop
for this evening/ for tomorrow evening/ at 8 o'clock in the evening	**na dzisiaj wieczór/na jutro wieczór/ na ósmą wieczór** na **djee**-shay **vye**-choor/na **yoot**-ro **vye**-choor/na **oos**-mow **vye**-choor
the menu, please	**proszę kartę/menu** **pro**-she **kar**-te/me-**nee**
do you have a tourist menu?	**czy jest zestaw turystyczny?** chi yest **zes**-taf too-ris-**tich**-ni?

at a set price?	**ze stałą ceną?**
	ze **sta**-wow **tse**-now?
what is the dish of the day?	**jakie jest danie dnia?**
	ya-kye yest **da**-nye dnya?
I'll have this	**poproszę to**
	po-**pro**-she toh
what do you recommend?	**co pan/pani poleca?**
	tso pan/**pa**-nee po-**le**-tsa?
what is the house speciality?	**jaka jest specjalność zakładu?**
	ya-ka yest spe-**tsyal**-noshch zak-**wa**-doo?
do you have any vegetarian dishes?	**czy są dania wegetariańskie?**
	chi sow **da**-nya ve-ge-tar-**yan**-skye?
could you tell me what this is?	**czy może mi pan/pani powiedzieć co to jest?**
	chi **mo**-zhe mee pan/**pa**-nee po-**vye**-djech tso to yest?
could I have some more bread/ water, please?	**proszę jeszcze trochę chleba/wody**
	pro-she **yesh**-che **tro**-he **hle**-ba/**vo**-di
the bill, please	**proszę rachunek**
	pro-she ra-**hoo**-nek
is service included?	**czy obsługa jest wliczona?**
	chi op-**swoo**-ga yest vlee-**cho**-na?
can I?	**czy można...?**
	chi **mozh**-na...?
smoke	**palić**
	pa-leech
taste it	**to spróbować**
	to sproo-**bo**-vach
we'd like some salad, please	**p(op)rosimy (o) sałatkę**
	p(op)ro-**shee**-mi (o) sa-**wat**-ke
the lunch was delicious	**obiad był doskonały**
	o-byat biw dos-ko-**na**-wi
the dinner was delicious	**kolacja była doskonała**
	ko-**lats**-ya **bi**-wa dos-ko-**na**-wa

Special requirements

• •

• Vegetarian food is becoming increasingly popular in Poland, and most places offer some meatless dishes.
• The word for 'decaffeinated coffee' is **kawa bezkofeinowa** (**ka**-va bes-ko-fe-ee-**no**-va).

are there any vegetarian restaurants here?	**czy jest tu gdzieś restauracja wegetariańska?** chi yest too gdjesh res-tau-**ra**-tsya ve-ge-tar-**yan**-ska?
which dishes have no meat/fish?	**które dania są bez mięsa/ryby?** ktoo-re **da**-nya sow bez **myen**-sa/**ri**-bi?
what fish dishes do you have?	**jakie są dania rybne?** **ya**-kye sow **da**-nya **rib**-ne?
is it made with vegetable stock?	**czy to jest na bazie jarzyn?** chi to yest na **ba**-zhe **ya**-zhin?
I'd like dumplings as a main course	**proszę pierogi jako główne danie** **pro**-she pye-**ro**-gee **ya**-ko **gwoov**-ne **da**-nye
what is this made with?	**z czego to jest zrobione?** z **che**-go to yest zro-**byo**-ne?
is it raw?	**czy to jest surowe?** chi to yest soo-**ro**-ve?
I don't eat meat	**nie jem mięsa** nye yem **myen**-sa
I'm allergic to nuts/shellfish	**jestem uczulony/uczulona na orzechy/ skorupiaki** **yes**-tem oo-choo-**lo**-ni/oo-choo-**lo**-na na o-**zhe**-hi/sko-roo-**pya**-kee
is it gluten free?	**czy to jest bezglutenowe?** chi to yest bez-gloo-te-**no**-ve?
I don't drink alcohol	**nie piję alkoholu** nye **pee**-ye al-ko-**ho**-loo

Eating photoguide

Eating places

Tea is usually served black with sugar and a slice of lemon so you will have to ask if you want milk.

Cukiernia is a cake shop which sells a wide variety of cakes and doughnuts and where you can also sit in and have a tea or coffee.

Pancakes naleśniki (na-lesh-nee-kee) are very popular and are served either sweet or savoury in many bistros and bars, even in small towns.

Bagels obwarzanki (ob-va-**zhan**-kee) are often sold at street corners and come in three varieties: salty, with poppy or sesame seeds.

This restaurant specialises in dishes from Eastern Poland. **Restauracja** is spelt in the old fashioned way with 'y'.

Bar rybny (bar **rib**-ni) is a small eatery where simple, inexpensive fish dishes are served. A **Bar Bistro** is a small cafeteria or restaurant which serves hot and cold dishes and salads – good for quick meals.

In many Polish towns and villages, village fêtes are held on holidays when traditional simple dishes are served in improvised, open-air kitchens.

Coffee Shop

Milk Bar which specialises in dairy products and serves cheap foods, suitable for a quick breakfast or lunch.

Pizzerias are hugely popular all over the country. As well as pizzas, they also generally serve simple, hot, Italian-style dishes of pasta, meat and vegetables.

This is a well-known type of restaurant serving traditional Polish dishes (**jadło** is an old Polish word for 'food'). The inside is often made to look like a traditional Polish hut, complete with old ovens, wooden benches and tables, and food served in clay dishes.

Karczma (kar-chma) is a country inn often found close to main roads. They offer inexpensive regional meals and sometimes accommodation (**noclegi**). Here, the foods on offer are: **naleśniki** (pancakes), **jagnięcina** (lamb), **piwa słowackie** (Slovakian beers), **pstrągi z rusztu** (grilled trout), **pierogi** (dumplings).

This restaurant is one of a popular chain called **Sphinx** which serve oriental-style dishes as well as traditional Polish foods. Such restaurants usually have seating areas both indoors and out, with parasols advertising a brand of beer (here, **Okocim**).

Restaurant The menu and prices are generally displayed outside. Normal opening time is from mid-day to 10.30pm.

Bars serve coffee, tea and alcoholic drinks. The word 'drink' in Polish refers to a combination of vodka with Coke or fruit juice. Another word you can find on bar signs is **koktajl** (kok-tayl), meaning 'cocktail'. This word in Polish is not restricted to alcoholic drinks, as **koktajl owocowy** (fruit cocktails) can also be bought. **Kawa** (ka-va) means 'coffee', and **herbata** (her-ba-ta) stands for 'tea'.

Reading the menu

Bar Menu
przekąski i zupy = snacks and soups
kanapki = sandwiches
sałatki = salads
makarony = pasta
pizza neopolitańska = Napoli pizza
dania główne = main dishes
soki, napoje = juices, soft drinks
desery = desserts

Receipt There are two different rates of VAT in Poland – 7% and 22%. The total for each will be itemised on your bill.
Suma = total
Gotówka = cash
Reszta = change
Service is not included in restaurant bills, and tipping is at the guests' discretion.

Ice Cream lody (lo-di). **Gałka** (gaw-ka) means scoop. Flavours shown are:
Śmietankowe – cream, **Jogurtowe** – yoghurt, **Bakaliowe** – with raisins/fruit, **Jagodowe** – blueberry, **Kawowe** – coffee, **Czekoladowe** – chocolate, **Truskawkowe** – strawberry and **Cytryna** – lemon.

zef Kuchn. pol...	**DANIE DNIA** Set menu
Pieczarki z patelni 4,20 zł	Zupa pomidorowa
Naleśniki z serem 7,00 zł	Tomato soup
Klopsiki cielęce 8,20 zł z marchewką	Placki z gulaszem
Pierogi z mięsem 7,70 zł	Potato pancakes with goulash
	10,20 zł

Dish of the day is usually identified on a menu as **danie dnia** (**da**-nye dnya) or, alternatively, **szef kuchni poleca** (shef **kooh**-nee po-le-tsa) – as recommended by the chef. If you were planning to eat a full Polish meal, you would begin with the starter, **przekąska**, followed by the first course, **pierwsze danie** (often soup), then the second course, **główne danie** (meat or fish), and end with fruit or **deser** (dessert). This requires some time, so people often skip one or two of the courses. In a restaurant, any of the following three words can be used for 'menu': **karta**, **menu**, **jadłospis**.

Traditionally, the main meal in Poland is **obiad** which is a dinner/lunch, served between 2-5pm. The evening meal is called **kolacja**. It is lighter than **obiad**, and is served between 7-9pm. However, with changing work habits, more and more people have their main meal in the evenings. In the morning, you have **śniadanie** (breakfast), usually served between 7-10am.

Dishes

Pierogi (dumplings) A typical Polish meal with minced meat, fried potatoes, fish in batter, and a pancake.

Chicken in Polish is **kurczak** (koor-chak). Here, it is served in herbs, with fried potatoes and raw vegetables.

Kapuśniak (ka-poosh-nyak) is a soup made with sauerkraut, chunks of meat, sausage and bacon, usually served with bread.

Chicken broth with noodles is hugely popular in Poland. Traditionally served on Sundays with home-made noodles.

Kotlet Pork chop in batter with potatoes is a typical Polish dish served in bars and restaurants all over the country, usually with a raw vegetable salad of carrots and cabbage. This is also a traditional Sunday lunch dish in many homes.

Certain folk-style restaurants serve soups (**kapuśniak** made of sauerkraut, and **żur**, a sour soup with sausage and potatoes) in hollow loaves of bread. After emptying, the 'bowl' is usually eaten as well!

Drinks

Winiarni (vee-nuar-nya) is a wine shop where you can have a wine tasting, buy wine, or sit down and have a drink. Sometimes they also serve light snacks. Poland is not a wine producing country. The cheapest wines come from Hungary, Romania and Bulgaria, but other wines are available in bigger supermarkets. Better restaurants often offer a large variety of good wines.

Cherry Vodka Traditionally vodka and beer are the main drinks in Poland although wine is becoming increasingly popular. Vodka made from potatoes or rye, is a national drink. It can be **czysta** (non-flavoured) or flavoured. It's drunk from small glasses, always with a little snack. The word 'drink' in Polish refers to a combination of neat or flavoured vodka with fruit juices or Coke. Therefore, if you ask someone whether they want a drink, they will expect an alcoholic beverage!

Popular Lagers Ogródek piwny is a beer garden. They serve a variety of beers as well as simple salty snacks. The word for crisps can be confusing: **czipsy** pronounced cheep-si, which sound like chips but does not mean fries! Polish lager's alcohol content is usually higher than in the UK, up to 5.5–7%.

Menu reader

bakłażan aubergine

baranina mutton

barszcz beetroot soup

befsztyk beef steak

beza meringue

bigos traditional hunter's dish, with sauerkraut and various meats

bita śmietana whipped cream

botwinka beetroot soup made with young beetroot leaves

brukselka Brussel sprouts

budyń custard-type dessert

bułka bread roll

buraczki beetroot

cebula onion

chleb bread

chłodnik litewski cold beetroot soup with yoghurt and dill

chrzan horseradish

ciastko a slice of cake

ciasto cake

cielęcina veal

cukier sugar

cukinia courgette/marrow

cytryna lemon

cytrynówka lemon-flavoured vodka

czarna (kawa) black (coffee)

czekolada chocolate

czekolada pitna drinking chocolate

czerwone (wino) red (wine)

czosnek garlic

duszone stewed (meat)

dziczyzna game meat

fasola po bretońsku baked beans

fasola szparagowa French beans

flaki tripe

frytki French fries

galaretka owocowa fruit jelly

gęś pieczona roast goose

golonka cured and boiled ham on the bone/knuckle of pork

gołąbki minced meat and rice wrapped in cabbage leaves

gorący hot

grochówka pea soup served with pieces of sausage

groszek peas

grzanka toast

grzyby (wild) mushrooms

gruszka w sosie czekoladowym pear in chocolate sauce

gulasz goulash

herbata tea

herbatniki biscuits

indyk turkey

jadłospis menu

jagody blueberries

jajko egg

jajecznica scrambled eggs

jajko gotowane na miękko/twardo egg (soft boiled/hard boiled)

jarzębiak rowanberry vodka

jarzynowa zupa vegetable soup

kaczka pieczona z jabłkami
  roast duck with baked apples
kalafior cauliflower
kanapka sandwich
kapusta kiszona sauerkraut
kapuśniak sauerkraut soup
karp w galarecie carp in aspic
karta menu
kartoflanka potato soup
kasza gryczana roasted
  buckwheat
kiełbasa sausage
kisiel jelly-type dessert
klopsiki meatballs
kluski pasta or noodles or
  dumplings
kolacja supper
kompot compote (stewed fruit
  drink)
koperek dill
kopytka potato dumplings
kotlet meat cutlet/chop
kotlet schabowy breaded pork
  cutlet
kurczak chicken
kuropatwa partridge
leniwe (pierogi) dumplings with
  flour, mashed potatoes and cheese
lody ice-cream
łosoś salmon
łosoś wędzony smoked salmon
makowiec poppy seed cake
masło butter
maślanka buttermilk
mizeria cucumber salad in sour
  cream
nadzienie stuffing

naleśniki z serem i ze
  śmietaną pancakes with white
  cheese and cream
maliny raspberries
marchew carrots
mięso meat (in general)
mięso z rusztu grilled meat
napoje alkoholowe/
  bezalkoholowe alcoholic/
  non-alcoholic drinks
napoje gorące/chłodzące
  hot/cold drinks
nóżki w galarecie pig's trotters
  in aspic
obiad dinner (usually eaten at
  lunchtime)
ogórki kiszone cucumbers in
  brine
orzechy nuts
ostry sharp/spicy
owoce fruit
owoce morza seafood
owsianka porridge
ozór tongue
panierowany breaded
parówki frankfurters
paszteciki small pastries filled
  with meat or mushrooms
pasztet paté
pączek doughnut
pieczarki smażone fried button
  mushrooms
pieczeń roast meat
pieczywo breads, rolls, croissants
pieprz pepper (condiment)
piernik ginger cake
pierogi dumplings stuffed with

a variety of fillings, they can
be served savoury or sweet:

z kapustą i grzybami with
sauerkraut and mushrooms

leniwe with potatoes and cheese

z mięsem with meat

z owocami with fruit filling

z serem with cheese

pierś kurczaka chicken breast

piwo jasne/ciemne light/dark
beer

placek tart/pie (sweet)

placki kartoflane potato
pancakes made with grated raw
potatoes and onions, fried and
served with cream

placki ziemniaczane potato
pancakes

plaster/plasterek slice

płatki śniadaniowe breakfast
cereals

polędwica sirloin (a cold cut of
meat), can be smoked or boiled

pomidor tomato

porcja portion

potrawa meal

prosiak piglet

przekąski starters

przyprawy seasoning

pulpety meatballs

pyzy regional round potato
dumplings

rabarbar rhubarb

rak (freshwater) crayfish

razowy chleb black rye bread

rodzynki raisins

rolmopsy pickled herrings

rosół clear chicken broth

rosół z makaronem clear
chicken broth with noodles

ryba fish

ryż rice

rzodkiewka radish

sałata green lettuce

sałatka salad

sałatka jarzynowa vegetable
salad (usually cooked vegetables, in
a mayonnaise dressing)

sałatka kartoflana potato salad

sałatka z kapusty cabbage
salad

sandacz pike-perch

sarnina deer meat

schab pieczony roast pork loin

seler celery root

seler naciowy celery sticks

ser cheese

biały fresh soft white cheese

kozi goat's cheese

miękki soft cheese

owczy ewe's cheese

sernik cheesecake

topiony processed cheese

żółty hard yellow cheese

słodki sweet

smażony fried

soczewica lentils

sok juice

jarzynowy vegetable juice

owocowy fruit juice

pomarańczowy orange juice

pomidorowy tomato juice

z czarnej porzeczki
blackcurrant juice

z marchwi carrot juice
sos sauce
grzybowy mushroom sauce
koperkowy dill sauce
specjalność dnia speciality of the day
specjalność zakładu speciality of the house
surówka salad of raw vegetables
szarlotka apple pie
szaszłyk kebab
szczaw sorrel
szczupak pike
szczypiorek chives
sznycel breaded pork or veal cutlet
szynka ham
gotowana boiled ham
wędzona smoked ham
śledź herring
śledź w oleju herring in oil
śledź w śmietanie herring in sour cream
ślimaki snails
śliwki plums
śliwowica plum brandy
śmietana cream
śniadanie breakfast
świeży fresh
tłusty fat, fatty
tort gateau
truskawki strawberries
tuńczyk tuna fish
twarożek/twaróg fresh soft white cheese/curd cheese/ pot cheese/cottage cheese
wątróbka liver
wędzony smoked

węgorz eel
wędliny cooked cold meats
wieprzowina pork
winiak Polish brandy
wino wine
wiśnie sour cherries
woda water
wołowina beef
wódka vodka
zając w śmietanie hare in sour cream
zakąski appetizers/snacks, often with vodka
zestaw set meal
zestaw śniadaniowy set breakfast
zestaw obiadowy set dinner
zielona sałata green lettuce
ziemniaki potatoes
gotowane boiled potatoes
pieczone baked potatoes
puree mashed potatoes
w mundurkach jacket potatoes/ in skins
z rusztu grilled
zrazy zawijane stuffed, rolled beef
zupa soup
grzybowa mushroom soup
jarzynowa vegetable soup
owocowa fruit soup
pomidorowa tomato soup
szczawiowa sorrel soup
żeberka spare ribs
żółty ser hard yellow cheese
żubrówka bison vodka
żur/żurek z kiełbasą sour rye soup with white sausage

Grammar

Nouns

Words such as 'car', 'horse', 'book' or 'Maria' are **nouns** and are used to refer to a person or thing. All Polish nouns have a grammatical gender: masculine, feminine or neuter. For example, kobieta (woman) is feminine, chłopiec (boy) is masculine and dziecko (child) is neuter. However, in most cases the grammatical gender is not related to its meaning and is determined only by the ending of the noun.

Most masculine nouns end in a consonant: pies 'dog', obraz 'painting', rok 'year'. Some exceptions are masculine nouns ending in –a, such as mężczyzna 'man', kierowca 'driver'

Most nouns ending in –a are feminine: książka 'book', praca 'work', but some nouns ending in a consonant are feminine: solidarność 'solidarity', noc 'night'. All feminine first names end in –a: Alicja, Katarzyna. The same rule applies to feminine surnames ending in –ska, –cka: for example, Danuta Kownacka.

Neuter nouns end in –o, –e, or –ę: okno 'window', morze 'sea', imię 'first name'.

Polish is characterized by its case system, which means that each noun and words that describe them may appear in any of the seven cases listed below, depending on what is being expressed in a sentence. The complexity of the case system means that each noun can have as many as twelve different endings, although some endings are repeated. The best way is to try to recognize the main part of the word and learn the words as they appear in the phrases.

Nominative (the dictionary form) The subject of the sentence – a person or thing performing the action, or in introductions following to jest... 'this is...', e.g. to jest mój syn 'this is my son'.

Accusative The direct object of the sentence: odwiedzam mojego syna 'I'm visiting my son'.

Genitive To express possession: żona mojego syna 'my son's wife'; after negation: nie ma mojego syna; after expressions of quantity: nie mam dwóch synów 'I do not have two sons'; after some prepositions: jadę do mojego syna 'I'm going to my son's'.

Dative The indirect object, a person or thing to whom something happens: dałam prezent mojemu synowi 'I gave a present to my son'.

Instrumental Points to the instrument with which something is done; doing something together: mieszkam razem z moim synem 'I live together with my son'.

Locative Used only after certain prepositions: rozmawiamy o moim synu 'we're talking about my son'.

Vocative Used in the direct form of address, often with first names, eg. Basiu, mamo.

Plurals

• •

Plurals of nouns are formed in a variety of ways, depending on the gender and on the last letter of the noun, resulting in a number of different endings. Again, it is best not to worry too much about the plural endings at this stage and try to remember words as they appear in the phrases.

Polish does not have articles (**a** and **the**) in front of the nouns.

Grammar

Adjectives

An adjective is a word such as small, pretty or practical that describes a person or thing, or gives extra information about them. They agree in number and gender with the noun they are describing. In the nominative case singular they have the following endings: −i, −y in masculine; −a in feminine; and −e in neuter:

drogi samochód 'expensive car'
duży dom 'big house'
ładna pogoda 'nice weather'
spokojne morze 'calm sea'

Adjective endings change according to which case is being used (what you want to say), e.g. nie ma ładnej pogody 'the weather isn't good'; jeżdżę tanim samochodem 'I'm driving a cheap car'.

In the dictionary only the masculine singular form is included

In plural nominative the adjectives end in −e or −i: białe domy 'white houses'; przystojni mężczyźni 'handsome men'. Surnames ending in −ski, −cki (masculine) and −ska, −cka (feminine) also behave like adjectives: to jest pan Białecki 'this is Mr Białecki'; pana Białeckiego nie ma w biurze 'Mr Białecki is not in the office'.

Pronouns

Personal pronouns
A personal pronoun is a word that you use to refer to someone or something when you do not need to use a noun, often because the person or thing has been mentioned earlier. They are words such as **I**, **you**, **he**, **she**, **it**, **we**, **they**.

Singular (nominative)		Plural (nominative)	
I	ja	we	my
you	ty	you	wy
he	on	they	oni (masculine human)
she	ona	they	one (women, children and things)
it	ono		

Personal pronouns have different forms in different cases,
e.g. on chce się ze mną bawić 'he wants to play with me';
kup jej prezent 'buy her a present'. Personal pronouns are often
omitted in Polish, since the verb ending itself always distinguishes
the person:

mieszkam	'I live'
mieszkasz	'you live'
mieszkają	'they live'

Possessive pronouns (my, your, his, her, our, their)
These words depend on the gender and number of the noun they
accompany, and not on the sex of the 'owner'.

	Singular (nominative)			Plural (nominative)	
	masculine	feminine	neuter	human	others
my	mój	moja	moje	moi	moje
your	twój	twoja	twoje	twoi	twoje
his	jego	jego	jego	jego	jego
her	jej	jej	jej	jej	jej
its	jego	jego	jego	jego	jego
our	nasz	nasza	nasze	nasi	nasze
your	wasz	wasza	wasze	wasi	wasze
their	ich	ich	ich	ich	ich

Again, they have different forms depending on the case used,
e.g. Nie widzę naszych dzieci 'I can't see our children'.

Demonstrative pronouns (this, that, these, those)
They appear in front of the noun they are pointing to and agree
grammatically with its gender and number.

Singular			Plural	
masculine	feminine	neuter	masc. human	others
ten	ta	to	ci	te

Examples:

ten chłopiec	'this boy'
ci chłopcy	'these boys'
ta dziewczyna	'this girl'
te dziewczyny	'these girls'
to dziecko	'this child'
te dzieci	'these children'

As with previous words, they have different forms in different cases:
lubię tych studentów 'I like these students'.

Verbs

. . . .

A verb is a word such as sing, walk or cry which is used with a
subject to say what someone or something does, or what happens
to them. Verbs have different endings according to person, number
(singular and plural), tense (present, past and future) and gender
(in the past tense only). That is why in this book two past forms
(masculine and feminine) are given where necessary, e.g. czytał
'he was reading' and czytała 'she was reading'. The last consonant
of the infinitive form (dictionary form) of all verbs ends in –ć,
e.g. pisać 'to write'; czytać 'to read'.

A typical feature of Polish verbs is that most of them have two
different forms in the infinitive: in the past and in the future tense.
This corresponds with the fact of completion of the action
(perfective form) or incompletion (imperfective form). For this
reason the verb form encountered in spoken or written Polish can
be quite different from its dictionary form, e.g. czytać 'to read in
general' and przeczytać 'to finish reading something'. Sometimes
the verbs can look totally unrelated, e.g. brać 'to take something on
a regular basis' and wziąć 'a one-off action of taking something'.

In addition, there are four forms of the verb of motion 'to go':
iść 'to go on foot' – one off
chodzić 'to go on foot' – regularly
jechać 'to go by transport' – one off
jeździć 'to go by transport' – regularly.

There are four main patterns for verb endings, based on the 1st and 2nd person singular endings in the present tense. Both regular and irregular verbs are included as they can share the same endings (irregular verbs refer to changes in the middle form of the verb, not the endings).

1st person sing.	2nd person sing.	
-ę	-esz	piszę, piszesz 'I'm writing, you're writing'
-ę	-isz/ysz	robię, robisz, krzyczę, krzyczysz 'to do, to scream'
-am	-asz	kocham, kochasz 'to love'
-em	-esz	jem, jesz 'to eat'

The following are some examples. Personal pronouns are only used if you need to emphasize the person who is speaking, otherwise the verb ending specifies the person.

	pisać	**to write**
(ja)	piszę	I write
(ty)	piszesz	you write
(on/ona/ono)	pisze	(s)he/it writes
(my)	piszemy	we write
(wy)	piszecie	you write
(oni/one)	piszą	they write
past participle	pisany (with być)	

	mówić	**to speak**
(ja)	mówię	I speak
(ty)	mówisz	you speak
(on/ona/ono)	mówi	(s)he/it speaks

(my)	mówimy	we speak
(wy)	mówicie	you speak
(oni/one)	mówią	they speak
past participle	mówiony (with być)	

	czytać	**to read**
(ja)	czytam	I read
(ty)	czytasz	you read
(on/ona/ono)	czyta	(s)he/it reads
(my)	czytamy	we read
(wy)	czytacie	you read
(oni/one)	czytają	they read
past participle	czytany (with być)	

	rozumieć	**to understand**
(ja)	rozumiem	I understand
(ty)	rozumiesz	you understand
(on/ona/ono)	rozumie	(s)he/it understands
(my)	rozumiemy	we understand
(wy)	rozumiecie	you understand
(oni/one)	rozumieją	they understand
past participle	rozumiany (with być)	

Irregular verbs are those in which the middle part is different to its dictionary form.

Among the most important irregular verbs are the following.

	być	**to be**
(ja)	jestem	I am
(ty)	jesteś	you are
(on/ona/ono)	jest	(s)he/it is
(my)	jesteśmy	we are
(wy)	jesteście	you are
(oni/one)	są	they are

	mieć	**to have**
(ja)	mam	I have
(ty)	masz	you have
(on/ona/ono)	ma	(s)he/it has
(my)	mamy	we have
(wy)	macie	you have
(oni/one)	mają	they have

	iść	**to go (on foot)**
(ja)	idę	I go
(ty)	idziesz	you go
(on/ona/ono)	idzie	(s)he/it goes
(my)	idziemy	we go
(wy)	idziecie	you go
(oni/one)	idą	they go

	jechać	**to go (by transport)**
(ja)	jadę	I go
(ty)	jedziesz	you go
(on/ona/ono)	jedzie	(s)he/it goes
(my)	jedziemy	we go
(wy)	jedziecie	you go
(oni/one)	jadą	they go

	chcieć	**to want**
(ja)	chcę	I want
(ty)	chcesz	you want
(on/ona/ono)	chce	(s)he/it wants
(my)	chcemy	we want
(wy)	chcecie	you want
(oni/one)	chcą	they want

	brać	**to take**
(ja)	biorę	I take
(ty)	bierzesz	you take
(on/ona/ono)	bierze	(s)he/it takes
(my)	bierzemy	we take
(wy)	bierzecie	you take
(oni/one)	biorą	they take

Past tense

All verbs take the same endings in the past tense and they follow gender distinctions, apart from the plural. Plural endings for the masculine human differ from all others. To form the past tense, just drop the final –ć from the infinitive and add the following endings:

Singular			Plural	
masculine	feminine	neuter	masc. human	others
–łem	–łam	—	–liśmy	–łyśmy
–łeś	–łaś	—	liście	–łyście
–ł	–ła	ło	–li	–ły

Example:

	pisać	**to write**
(ja)	pisałem	I wrote (man)
	ja pisałam	I wrote (woman)
(ja)	pisałem/łam	I wrote
(ty)	pisałeś/łas	you wrote
(on/ona/ono)	pisał/pisała/pisało	(s)he/it wrote
(my)	pisaliśmy/łyśmy	we wrote
(wy)	pisaliście/łyście	you wrote
(oni)	pisali	they wrote (men)
(one)	pisały	they wrote (women)

Therefore the commonly used expression 'I'd like to' has two versions in Polish, since it has a past tense component: chciałbym (man speaking) and chciałabym (woman speaking).

Dictionary

A

abandon (person, family) porzucać
(porzucić)
abbey opactwo
abbreviation skrót
ability (to do sth) umiejętność
(zrobienia czegoś)
(talent, skill) zdolność
able: *to be able to do sth* umieć coś
zrobić
you'll be able to read in peace here
będziesz tu mógł czytać w
spokoju
abolish znosić (znieść)
abortion aborcja
about o; około
(approximately) mniej więcej
about a hundred/thousand people
około sto/tysiąc osób
above nad
abroad za granicą
absent nieobecny
accelerator pedał gazu
accent (pronunciation) akcent
access (to building, room) dojście
accident and emergency oddział
pomocy doraźnej; pogotowie
accident wypadek
accidentally przypadkowo
accommodation zakwaterowanie
accompany towarzyszyć
account (with bank, at shop) konto
ache ból
I've got (a) stomach ache boli mnie
brzuch
acid kwas
across przez
actor/actress aktor/aktorka
to accept przyjmować
do you accept credit cards? czy
przyjmują Państwo karty kredytowe?
adaptor (electricity) adapter
address adres

what's your address? adres, proszę?
admission charge opłata za wstęp
admission fee opłata za wstęp
admission free wstęp wolny
admission wstęp
adult dorosły
advance: *in advance*
z wyprzedzeniem
advertisement reklama
advise: *to advise sb to do sth*
radzić (poradzić) komuś coś zrobić
to admit (to place, area) wpuszczać
(wpuścić)
A & E oddział pomocy doraźnej
Aerial antena
aeroplane samolot
aerosol aerozol
a few of... kilka...
afraid: *to be afraid* bać się
after po
afternoon po południu
good afternoon dzień dobry
in the afternoon po południu
this afternoon dzisiaj po południu
tomorrow afternoon jutro po
południu
after-shave (lotion) płyn po goleniu
afterwards potem
again znowu
against (opposed to) przeciwko
age wiek
ago temu
2 days ago dwa dni temu
agreement porozumienie
(w sprawie czegoś)
to agree zgadzać się
AIDS AIDS
air powietrze
by air drogą lotniczą
air conditioning klimatyzacja
is there air conditioning? czy jest
klimatyzacja?
airline linia lotnicza

airmail (post) poczta lotnicza
airplane samolot
airport lotnisko
aisle (in theatre, supermarket, on plane) przejście
alarm (anxiety) niepokój
alarm clock budzik
alcohol alkohol
alcoholic alkoholik
(drink) alkoholowy
all; everything wszystko
all right (okay) w porządku
that's all right by me to mi pasuje
allergy uczulenie
allow (permit) pozwalać (pozwolić) na
smoking is not allowed nie wolno palić
allowed dozwolone
almost prawie
I spent almost a month in China spędziłem prawie miesiąc w Chinach
alone sam
alphabet alfabet
already już
also też
a.m. przed południem
ambulance pogotowie ratunkowe
America Ameryka
American (person, man) Amerykanin
American (woman) Amerykanka
amount ilość
anaesthetic środek znieczulający
general anaesthetic znieczulenie ogólne
local anaesthetic znieczulenie miejscowe
under anaesthetic pod narkozą
and i; a
angry zły
animal zwierzę
ankle kostka
anniversary rocznica
announcement oświadczenie
annual doroczny
another one jeszcze jeden; inny; kolejny

another 5 years/miles/kilos kolejne pięć lat/jeszcze pięć mil/jeszcze pięć kilo
answer odpowiedź
answerphone automatyczna sekretarka
antenna antena
antibiotics antybiotyki
I'm on antibiotics jestem na antybiotykach
antiseptic środek odkażający
any żaden; jakiś; jakikolwiek
have you got any chocolate/sweets? masz jakąś czekoladę/jakieś słodycze?
anybody ktoś; każdy
anything else? czy coś jeszcze?
anything nic; cokolwiek
anywhere (in questions) gdzieś; gdziekolwiek; nigdzie
I can't see him anywhere nigdzie go nie widzę
to announce ogłaszać (ogłosić)
to annoy irytować
to answer odpowiadać (odpowiedzieć)
apart from oprócz
apartment mieszkanie
appendicitis zapalenie wyrostka robaczkowego
apples jabłka
application form podanie
appointment wizyta
(to make) umówić się
to apologize przepraszać (przeprosić)
approximate przybliżony
apricots morele
April kwiecień
apron fartuch
architect architekt
architecture architektura
are there...? czy są...?
area okolica
area code numer kierunkowy
arm ramię
armchair fotel

to arrange załatwiać (załatwić)
arrest aresztować (zaaresztować)
arrival (train) przyjazd
(flight) przylot
to arrive (train/plane)
  przyjechać/przylecieć
art sztuka
art gallery galeria sztuki
artificial sztuczny
artist artysta
as soon as possible możliwie jak
  najszybciej
ashtray popielniczka
to ask (to ask to do sth) prosić
  (poprosić)
(a question) zadawać zadać (komuś)
  pytanie
asparagus szparag
aspirin aspiryna
asthma astma
at (position, time, age) w
at four o'clock o czwartej
at home w domu

at least przynajmniej
at night w nocy
we had dinner at a restaurant
  zjedliśmy obiad w restauracji
Atlantic atlantycki
the Atlantic (Ocean) Atlantyk
attack (assault) napadać (napaść)
attention uwaga
attractive atrakcyjny
au pair au pair
aubergine bakłażan
auction aukcja
audience widownia
August sierpień
aunt ciotka
Auschwitz Oświęcim
Australia Australia
Australian australijski
(man) Australijczyk
(woman) Australijka
author autor
automatic automatyczny
(car) samochód z automatyczną
  skrzynią biegów

autumn jesień
available wolny; dostępny
avalanche lawina
avenue aleja
average średnia
avoid (obstacles) unikać (uniknąć)
awake: to be awake nie spać
away (not present) nieobecny
awful okropny
axe siekiera

B

baby niemowlę
baby food jedzenie dla niemowląt
babysitter opiekun do dziecka
back (part of body) plecy
backache ból pleców
backpack plecak
backpacking podróżowanie
  z plecakiem
bacon boczek; bekon
bad zły
(fruit, meat etc) zepsuty
badly źle
badminton badminton
bag torba
baggage bagaż
baggage check kontrola bagażu
baggage claim odbiór bagażu
bakery piekarnia
bakery products pieczywo
balcony balkon
bald łysy
ball piłka
ballet balet
balloon balonik
ballpoint pen długopis
banana banan
band grupa
bandage bandaż
bank bank
(of earth) wał
bank account konto bankowe
bank card (for cash machine) karta
  bankowa
bar bar; pub
(of chocolate) tabliczka czekolady

barbecue (meal, party) barbecue;
grill
barber's fryzjer męski
bargains okazje
bark (of tree) kora
(of dog) szczeknięcie
barn stodoła
barrel (of wine, beer) beczka
basement piwnica
basket kosz
basketball koszykówka
bat (animal) nietoperz
(for cricket, baseball) kij
bath (to take a) kąpiel
(tub) wanna
bathroom łazienka
battery (for torch, radio etc) bateria
(in car) akumulator
bay zatoka
to be być
to be able to... umieć...
to be allergic być uczulonym
to be called (my name is...) nazywać
się
to be in working order działać
to be pregnant być w ciąży
beach plaża
bean fasola
beard broda
beautiful piękny
because bo/ponieważ
become stawać (stać) się
bed łóżko
bed and breakfast zakwaterowanie
ze śniadaniem
bedclothes pościel
bedding pościel
bedroom sypialnia
bee pszczoła
beef wołowina
beer piwo
before przed
I've never seen it before nigdy tego
przedtem nie widziałem
to begin zaczynać (zacząć)
beginner początkujący
behind za

beige beżowy
Belarus Białoruś
bell (of church) dzwon
(on door) dzwonek
to belong należeć
to belong to należeć do
better lepiej; lepszy
below pod
belt pasek
bend (leg, arm, bar, wire) zginać
(zgiąć) (się)
berth (on boat) koja
(on train) kuszetka
beside obok
best najlepszy
bet zakład
to bet on (horse, result) robić (zrobić)
zakłady na
better lepszy
between między
Belorussian białoruski
bicycle rower
to ride a bicycle jeździć na rowerze
big duży
bigger większy
bike (bicycle) rower
(motorcycle) motor
bikini bikini
bill rachunek
bin kosz na śmieci
binoculars lornetka
bird ptak
Biro długopis
birth certificate metryka urodzenia
birth poród, narodziny
birthday urodziny
Happy Birthday Wszystkiego
najlepszego!
biscuits herbatniki
bit: *a bit of* trochę
bite (dog etc) gryźć (pogryźć)
to bite one's nails obgryzać
paznokcie
bitter gorzki
black czarny
bladder pęcherz
blank czysty

blanket koc
bleach wybielacz
bleed krwawić
blender mikser
blind (sightless) niewidomy
blister pęcherz
block (of stone, wood, ice) blok
(sink, pipe) zatykać (zatkać) się
blond(e) blond
blood pressure ciśnienie krwi
blood test badanie krwi
blood krew
blouse, top bluzka
blow-dry suszyć (wysuszyć) włosy
blue niebieski
blunt tępy
to board (ship, train, plane) wchodzić
(wejść) na pokład
boarding card karta pokładowa
boat (small vessel) łódka
(ship) łódź
boat trip rejs
body ciało

boil gotować (zagotować)
boiled gotowany
boiler bojler
bomb bomba
bone kość
bonfire ognisko
book książka
guidebook przewodnik
to book zarezerwować
bookshop księgarnia
booster seat samochodowy fotelik
dla dziecka
boot (of car) bagażnik
boots buty
border (of country) granica
boring nudny
born: to be born rodzić (urodzić)
się
to borrow pożyczyć
boss szef
both obaj
bottle butelka
a bottle of wine/milk butelka
wina/mleka

a wine/milk bottle butelka na
wino/mleko
bottle opener otwieracz do butelek
bottom (of container, sea) dno
bow tie muszka
bowl miska
box pudełko
boxer shorts bokserki
boy chłopiec
boyfriend chłopak
bra stanik
bracelet bransoletka
brain mózg
brakes hamulce
branch (of tree) gałąź
(of shop, bank etc) oddział
brand marka
brass mosiądz
brave dzielny
bread chleb
bread roll bułka
break przerwa
breakdown awaria
(nervous) załamanie nerwowe
to break złamać
to break into włamać się
breakfast śniadanie
what time is breakfast? o której
jest śniadanie?
breast pierś
to breathe oddychać
brick cegła
bride panna młoda
bridegroom pan młody
bridge most
briefcase teczka
bright jasny
bring przenosić (przenieść)
Britain Brytania
British brytyjski
(male) Brytyjczyk
(woman) Brytyjka
broadband stałe łącze (internet)
broccoli brokuły
brochure broszura
broken zepsuty
it's broken to jest zepsute

bronchitis zapalenie oskrzeli
bronze brąz
brooch broszka
broom miotła
brother brat
brother-in-law szwagier
brown brązowy
bruise siniak
brush (for cleaning, for decorating) miotła; zmiotka
(for hair) szczotka
bubble bath płyn do kąpieli
bucket wiadro
buckle klamra
buffet bufet
building budynek
bulb żarówka
bull byk
bullfighting walki byków
bumper zderzak
bunch (of flowers) bukiet
(of bananas, grapes) kiść
bureau de change kantor; biuro wymiany
burger hamburger
burglar włamywacz
burglar alarm alarm antywłamaniowy
burn (papers etc) palić (spalić)
(fuel) spalać (spalić)
(toast, rice) przypalać (przypalić)
burst (bag, balloon etc) przekłuwać (przekłuć)
(pipe, tyre) pękać (pęknąć)
bus autobus
bus station dworzec autobusowy
bus stop przystanek autobusowy
business biznes
to be away on business być w podróży służbowej
businessman/businesswoman przedsiębiorca/kobieta interesu
busy zajęty
but ale
butcher's rzeźnik
butter masło
butterfly motyl

button (on clothes) guzik
(on machine) przycisk
to buy kupić
by: *by bus/car/train* autobusem/ samochodem/pociągiem
(via, through) przez
(close to, beside) przy
bye! do widzenia!
bypass obwodnica

C

cab taksówka
cabin kabina
cable kabel
cable car wagonik kolejki linowej
cable television kablówka
café kawiarnia
cafeteria bufet
cake (large) placek
(small) ciastko
calculator kalkulator
calendar kalendarz
to call zawołać
to be called nazywać się
calm opanowany
camcorder kamera wideo
camera aparat fotograficzny
camera shop sklep fotograficzny
to camp obozować
campsite kemping
can puszka
can I/can we...? czy mogę/ czy mozemy...?
can you...? czy może pan/pani...?
can opener otwieracz do puszek
Canada Kanada
Canadian kanadyjski
(man) Kanadyjczyk
(woman) Kanadyjka
canal kanał
to cancel odwołać
cancer (illness) rak
candle świeczka
canoe kajak
canoeing kajakarstwo
to go canoeing pływać (płynąć) kajakiem

cap (hat) czapka
(of bottle) nakrętka
capital (city) stolica
cappuccino kawa cappuccino
car samochód
by car samochodem
car ferry prom samochodowy
car park parking
car rental wynajem samochodów
car sickness choroba lokomocyjna
car wash myjnia samochodowa
caravan przyczepa
card (record, index) kartka
(greetings) kartka z życzeniami
(business) wizytówka
cardboard karton
cardigan sweter rozpinany
careful ostrożny
(be) careful! uważaj!
carpet (rug) dywan
(fitted) wykładzina
carriage wagon
carrier bag reklamówka
carrot marchewka
carry nieść (zanieść)
case (suitcase) walizka
cash gotówka
cash desk kasa
cash machine bankomat
cashier kasjer
casino kasyno
cassette kaseta
castle zamek
casualty (in hospital) ostry dyżur
cat kot
catalogue katalog
catalytic converter katalizator spalin
to catch (train) zdążyć na...
categorize klasyfikować
  (zaklasyfikować) kogoś/coś jako
cathedral katedra
Catholic katolicki
cauliflower kalafior
cave jaskinia
CD płyta kompaktowa
CD player odtwarzacz płyt
  kompaktowych

CD-ROM CD-ROM
on CD-ROM na CD-ROMie
ceiling sufit
cellar piwnica
cemetery cmentarz
cent cent
centimetre centymetr
central centralny
central heating centralne
  ogrzewanie
centre of town śródmieście
century wiek; 100 lat
cereal (breakfast) płatki śniadaniowe
certain pewny
certificate świadectwo
chain łańcuch
chair krzesło
chair lift wyciąg krzesełkowy
chalet drewniana chata
champagne szampan
change (money) drobne
(trains, buses etc) przesiadać
  (przesiąść) się
(change clothes) zmieniać (zmienić)
(money returned) reszta
changeable zmienny
to change money wymienić
  pieniądze
where can I change money? gdzie
  mogę wymienić pieniądze?
changing room przymierzalnia
chapel kaplica
charcoal węgiel drzewny
charge (fee) opłata
(battery) ładować (naładować)
free of charge bezpłatnie
there's no charge nie ma opłat
charter flight lot czarterowy
chat room pokój czatowy
cheap tani
to check sprawdzić
to check in przejść przez kontrolę
check-in odprawa
check-in desk stanowisko odprawy
cheek (part of body) policzek
cheers! na zdrowie!
cheese ser

chef szef kuchni; kucharz
chemist's apteka
cheque czek
cheque book książeczka czekowa
cherry czereśnia; wiśnia
chest (part of body) klatka piersiowa
chewing gum guma do żucia
chicken kurczak
chickenpox ospa wietrzna
child/children dziecko/dzieci
chilli chili
chimney komin
chin broda
china (cup, plate) porcelanowy
chips frytki
chiropodist pedikiurzysta
chocolate czekolada
choose wybierać (wybrać)
chop kotlet
christening chrzest
Christian name imię
Christmas Boże Narodzenie
Happy/Merry Christmas! Wesołych Świąt!
Christmas Eve Wigilia Bożego Narodzenia
Christmas tree choinka
church kościół
cigar cygaro
cigarettes papierosy
cinema kino
circle koło
circus cyrk
city, town miasto
city centre centrum miasta
class klasa
clean czysty
to give sth a clean czyścić (wyczyścić) coś
cleaner (person) sprzątacz
clear (explanation, account) klarowny (glass, plastic, water) przezroczysty
clever mądry
client klient
cliff klif
climb wspinać (wspiąć) się na
climbing wspinaczka

cling-film folia
clinic przychodnia
cloakroom szatnia
clock zegar
close (near) bliski
to close zamykać
closed zamknięte
cloth tkanina
clothes odzież; ubranie
clouds chmury
cloudy pochmurny
club klub
clutch ściskać (ścisnąć); sprzęgło
clutch fluid płyn sprzęgłowy
coach autokar
coach trip wycieczka autokarowa
coal węgiel
coast wybrzeże
coastguard strażnik straży przybrzeżnej
coat płaszcz
coat hanger wieszak
cocoa kakao
code szyfr
coffee kawa
black coffee czarna kawa
white coffee kawa z mlekiem
cup of coffee filiżanka kawy
coffee shop kawiarnia
coin moneta
Coke® Coca Cola®
colander durszlak
cold zimny
(illness) przeziębienie
cold meats wędliny
collar kołnierz
collarbone obojczyk
colleague kolega
collect zbierać (zebrać)
collection (of luggage) odbiór bagażu
colour kolor
comb grzebień
to come (on foot/by transport) przyjść/przyjechać
(return) wracać (wrócić) do
comedy komedia

comfortable odprężony; wygodny
company (firm) firma
compartment (train) przedział
compass kompas
complaint (about a purchase)
 reklamacja
(about a service) zażalenie
complete (total) zupełny
(finished) ukończony
compulsory obowiązkowy
computer komputer
computer game gra komputerowa
computer programmer
 programista
concentration camp obóz
 koncentracyjny
concert koncert
concert hall sala koncertowa
concession/with concession
 ulga/ulgowy
conditioner odżywka
condom prezerwatywa
conductor (on train) konduktor
(of orchestra) dyrygent
conference konferencja
confirm potwierdzić
congratulations gratulacje
connection połączenie
constipation zatwardzenie
to contact skontaktować się
contact details dane kontaktowe
contact lenses szkła/soczewki
 kontaktowe
continue kontynuować
contraceptives środki
 antykoncepcyjne
contract umowa
convenient praktyczny
corkscrew korkociąg
to cook gotować
cooker kuchenka
cookie ciastko
cool chłodny
copper miedź
copy (duplicate) kopia
to make a copy of sth robić (zrobić)
 kopię czegoś

cork korek
corkscrew korkociąg
corner kąt
cornflakes płatki kukurydziane
corridor korytarz
cosmetics kosmetyki
to cost kosztować
how much does it cost? ile to
 kosztuje?
costume (of actor, artist) kostium
cosy przytulny
cot łóżeczko
cottage chata
cotton bawełna
cotton wool wata
cough kaszel
counter (at post office) okienko
country (nation) kraj
(countryside) wieś
country inn karczma; zajazd
couple (two) para
courgette cukinia
courier kurier
course (educational) kurs
(of meal) danie
cousin kuzyn
cover: *to cover sth (with sth)*
 przykrywać (przykryć) coś (czymś)
cow krowa
craft sztuka; zawód; rzemiosło
crafts (plural) statek; samolot
cramp skurcz
crash wypadek
cream (dairy cream) śmietanka
(for skin) krem
crèche żłobek
credit kredyt
credit card karta kredytowa
crime przestępstwo
crisps chrupki
crockery naczynia kuchenne
cross (crucifix) krzyż
to cross przejść
cross country skiing narty biegowe
crossing (voyage) przeprawa
(pedestrian) przejście dla pieszych
crossroads skrzyżowanie

crossword krzyżówka
crowd tłum
crowded zatłoczony
crown korona
cruise rejs
crutch kula inwalidzka
cry (weep) płakać
crystal kryształ
cucumber ogórek
cup filiżanka
cupboard szafka
currant porzeczka
currency waluta
current obecny
curtain zasłona
cushion poduszka
custom (tradition) obyczaj
(duty) cło
customer klient
cut kroić (pokroić)
to cut oneself skaleczyć się
cutlery sztućce
cycling jazda na rowerze
Czech Republic Czechy

D

daily codzienny
dam tama
damage szkoda
damaged uszkodzony
damp wilgotny
dance taniec
to dance with sb tańczyć
(zatańczyć) z kimś
danger niebezpieczeństwo
dangerous niebezpieczny
dark ciemno
after dark po zmroku
date data
daughter córka
daughter-in-law synowa
dawn świt
day dzień
all day (long) przez cały dzień
by day w ciągu dnia
day and night dzień i noc
dead (person) zmarły

deaf głuchy
dear (in letter) szanowny
Panie/Szanowna Pani
(expensive) drogi
debt dług
decaffeinated bezkofeinowy
December grudzień
deck chair leżak
declare oznajmiać (oznajmić)
(at customs) zgłaszać (zgłosić)
deep głęboki
deer jeleń
delay opóźnienie
delicatessen delikatesy
delicious pyszny
delivery dostawa
demonstration demonstracja
dentist dentysta
dentures proteza
deodorant dezodorant
to depart (train/plane)
odjeżdżać/odlatywać
department store dom towarowy
departure (train/plane) odjazd/odlot
departure lounge hala odlotów
deposit wpłata
describe opisywać (opisać)
description opis
desk biurko
dessert deser
destination cel podróży
detail szczegół
detailed szczegółowy
detergent środek czyszczący
detour: to make a detour jechać
(pojechać) okrężną drogą
develop rozwijać (rozwinąć)
diabetes cukrzyca
dial wykręcać (wykręcić) numer
dialling tone sygnał telefoniczny
diamond diament
diaper pieluszka
diarrhoea rozwolnienie
diary terminarz
dice kostka
dictionary słownik
die umierać (umrzeć)

diesel olej napędowy; diesel
diet odżywianie
to be on a diet być na diecie
different różny
difficult trudny
digital camera aparat cyfrowy
digital radio radio cyfrowe
dining room jadalnia
dinner obiad
direct bezpośredni
direction kierunek
to ask for directions pytać (zapytać)
  o drogę
directory książka telefoniczna
dirty brudny
disabled niepełnosprawny
disagree: *to disagree (with sb)* nie
  zgadzać (zgodzić) się (z kimś)
disappear znikać (zniknąć)
disaster katastrofa
disco dyskoteka
discount obniżka; zniżka; rabat
discover odkrywać (odkryć)
disease choroba
dish danie
dishwasher zmywarka do naczyń
dishwashing liquid płyn do mycia
  naczyń
disinfectant środek dezynfekujący
disk (hard) dysk
(floppy) dyskietka
disposable jednorazowy
distance odległość
distant odległy
district region
disturb zakłócać (zakłócić)
ditch rów
dive skakać (skoczyć) do wody
diversion objazd
divorced rozwiedziony
DIY majsterkowanie
dizzy: *to feel dizzy* kręcić się w
  głowie
to do robić
doctor lekarz
document dokument
dog pies

doll lalka
dollar dolar
door drzwi
doorbell dzwonek do drzwi
double podwójny
(for two) dwuosobowy
doughnut pączek
down dół, na dole
download ściągać (ściągnąć)
downstairs na dole
dozen tuzin
drain studzienka ściekowa
draught (of air) przeciąg
(beer) z beczki
draw rysować (narysować)
drawer szuflada
drawing rysunek
dress suknia/sukienka
to dress; get dressed ubierać
  (ubrać) się
dressing gown szlafrok
drill wiertarka
drink napój
to drink pić
drinking water woda pitna
to drive a car prowadzić samochód
driver kierowca
driving licence prawo jazdy
drought susza
to drown utopić się
drug (prescribed) lekarstwo
(recreational) narkotyk
drunk pijany
dry suchy
dry-cleaner's pralnia chemiczna
dryer suszarka
due planowy przyjazd
dummy (for baby) smoczek
dumplings pierogi
during podczas
dust pył
dustbin śmietnik
duty-free wolnocłowy
duvet kołdra
DVD DVD
DVD player odtwarzacz DVD

E

each każdy
ear ucho
earlier wcześniejszy
early wczesny
earn zarabiać (zarobić)
earring kolczyk
earth (soil) ziemia
earthquake trzęsienie ziemi
east wschód
Easter Wielkanoc
easy łatwy
to eat jeść
ecological ekologiczny
egg jajko
eggplant bakłażan
either (one or other) obojętnie który
elastic band gumka
elbow łokieć
electric elektryczny
electricity elektryczność
electric point gniazdko
electronic elektroniczny
elevator winda
email email
email address adres emailowy
embassy ambasada
emergency nagły wypadek
empty pusty
end koniec
engaged (the line) zajęte
engine silnik
England Anglia
English angielski
Englishman/woman
 Anglik/Angielka
enjoy lubić
enjoy your meal! smacznego!
enjoyable przyjemny
enough dosyć
that's enough, thanks wystarczy,
 dziękuję
enquiry dochodzenie; zapytanie
entertain zabawiać (zabawić)
entrance (foot) wejście
(on transport) wjazd
entrance fee opłata za wstęp

entry visa wiza wjazdowa
envelope koperta
equal równy
equipment sprzęt
error pomyłka
escalator ruchome schody
escape ucieczka
essential niezbędny
estate agent pośrednik w handlu
 nieruchomościami
estate car samochód kombi
euro euro
Europe Europa
European europejski
European Union Unia Europejska
even nawet
evening wieczór
in the evening wieczorem
this evening dziś wieczorem
tomorrow/yesterday evening
 jutro/wczoraj wieczorem
every każdy
everybody wszyscy
everything wszystko
everywhere wszędzie
examination (medical) badanie
example: for example na przykład
excellent doskonały
except poza
excess baggage nadwyżka bagażu
exchange wymieniać (wymienić)
to exchange sth (for sth) zamieniać
 (zamienić) coś (na coś)
exchange rate kurs wymiany
exciting ekscytujący
excursion wycieczka
excuse: excuse me! przepraszam!
exercise ćwiczenie
exhibition wystawa
exit (on foot) wyjście
(on transport) wyjazd
expensive drogi
expert specjalista
expire tracić (stracić) ważność
expiry date data ważności
to explain wyjaśniać (wyjaśnić)
explosion wybuch

export eksportować (wyeksportować)
express (train, coach) ekspres
(send) ekspresowo
extension (electrical) przedłużacz
extra (thing, person, amount)
  dodatkowy
(in addition) dodatkowo
eye oko
eyebrow brew
eye drops krople do oczu
eyelash rzęsa

F

fabric tkanina
face twarz
face cloth myjka do twarzy
facilities ułatwienia
fact fakt
factory fabryka
to faint zemdleć
fair sprawiedliwy
fall (autumn) jesień
fall over upadać (upaść)
fallen upadły
false sztuczny
family rodzina
famous znany
fan (electric) wentylator
fancy dress kostium
far daleko
how far? jak daleko?
is it far to London? czy daleko jest
  stąd do Londynu?
farm gospodarstwo
farmer rolnik
farmhouse dom wiejski
fashionable modny
fast szybki
fat gruby
father ojciec
father-in-law teść
fault błąd
it's my fault to moja wina
favour przychylność
favourite ulubiony
fax faks
(document) faksować (przefaksować)

February luty
to feed karmić (nakarmić)
to feel (well/unwell) czuć się
  (dobrze/niedobrze)
I don't feel well źle się czuję
felt-tip pen flamaster
female kobieta; kobiecy
ferry prom
festival festiwal
fetch przynosić (przynieść)
to fetch sth for sb, fetch sb sth
  przynosić (przynieść) coś komuś
fever gorączka
few niewiele
a few kilku
fiancé/fiancée narzeczony/a
field pole
fight walka
file (computer) plik
(wood, metal, fingernails) piłować
  (opiłować)
to fill in (tooth) zaplombować
filling (tooth) plomba
film (TV) film
(photography) filmować (sfilmować)
find znajdować (znaleźć)
fine (OK) dobrze
(penalty) kara
finger palec
finish koniec
fire ogień
to catch fire zapalić się
fire alarm alarm pożarowy
fire brigade straż pożarna
fire engine wóz strażacki
fire station remiza strażacka
fireman strażak
fireworks pokaz sztucznych ogni
firm (company) firma
first pierwszy
first aid pierwsza pomoc
first-class pierwszorzędny
first name imię
fish ryba
fisherman rybak
fishing rod wędka
fit w dobrej formie

fitting room przymierzalnia
fizzy gazowany
flag flaga
flame płomień
flat (apartment) mieszkanie
(ground, surface) płaski
(battery) rozładowany
flavour smak
strawberry-flavoured o smaku
  truskawkowym
flea pchła
fleece z polaru
flight lot
flipper płetwa
flood powódź
floor (level) piętro
(of room) podłoga
ground floor parter
first floor pierwsze piętro
floppy disk dyskietka
florist's kwiaciarnia
flour mąka
flower kwiat
flu grypa
fly (insect) mucha
(plane) latać
fog mgła
foggy mglisty
foil folia aluminiowa
fold zginać (zgiąć)
folk art sztuka ludowa
follow chodzić/iść (pójść) za
food jedzenie
food poisoning zatrucie
  pokarmowe
food shop sklep spożywczy
foot stopa
football piłka nożna
footballer piłkarz
footpath ścieżka
for dla
for non-smokers dla niepalących
for smokers dla palących
forbidden zabroniony
forehead czoło
foreign obcy
foreigner cudzoziemiec

forest las
forever wiecznie
fork widelec
form (document) formularz
formal oficjalny
fortnight dwa tygodnie
forward z przodu
foul (sport) faul
fountain fontanna
fourth czwarty
fox lis
fracture złamanie
frame (picture) rama
France Francja
free wolny
free seat wolne miejsce
freezer zamrażarka
French francuski
French bean fasolka
French fries frytki
frequent częsty
fresh świeży
Friday piątek
fridge lodówka
fried smażony
friend przyjaciel; znajomy
frog żaba
from z
from London to Glasgow
  z Londynu do Glasgow
front przód
in front of przed
front door drzwi frontowe
frost mróz
frozen mrożony; zamrożony
fruit owoce
fry smażyć (usmażyć)
frying pan patelnia
fuel benzyna
full pełny
full board pełne wyżywienie
fumes opary
fun zabawa
funeral pogrzeb
funfair wesołe miasteczko
funny (amusing) śmieszny
(strange) dziwny

fur futro
furniture meble
fuse bezpiecznik
future przyszłość

G

gallery galeria
game (sport) mecz
garage (for car repairs) warsztat
  samochodowy
(petrol station) stacja benzynowa
garden ogród
garlic czosnek
gas gaz
gate (airport) wyjście
gay (person) gej
gear (of car, bicycle) bieg
gear lever; stick dźwignia zmiany
  biegów
generous hojny
Gents (toilet) toaleta męska
genuine prawdziwy
German niemiecki

(man) Niemiec
(woman) Niemka
Germany Niemcy
to get dostać
to get lost zgubić się
to get off wysiadać (wysiąść)
to get on (transport) wsiadać
  (wsiąść)
to get to (on foot) dojść
(by transport) dojechać
gifts upominki
gigabyte gigabajt
gigahertz gigaherc
girl; girlfriend dziewczyna
to give dawać (dać)
glass szklanka
glasses (optical) okulary
glove rękawiczka
glue klej
GM modyfikowany genetycznie
to go (on foot) iść (pójść)
(by transport) jechać (pojechać)
goat koza
God Bóg

goggles gogle
gold złoto
goldfish złota rybka
golf golf
golf course pole golfowe
good dobry
goodbye! do widzenia!
good morning! dzień dobry!
good night! dobranoc!
goose gęś
granddaughter wnuczka
grandfather dziadek
grandmother babcia
grandparents dziadkowie
grandson wnuk
grape winogrono
grapefruit grejpfrut
grass trawa
grate (food) ucierać (utrzeć)
greasy (food) tłusty
great (large) wielki
great! świetnie!
Great Britain Wielka Brytania
green zielony
greengrocer's sklep warzywny
greetings card kartka z życzeniami
grey szary
grill ruszt
grocer's sklep spożywczy
ground podłoga
ground floor parter
group grupa
guarantee gwarancja
guard strażnik
guest gość
guesthouse pensjonat
guide przewodnik
guidebook przewodnik
guided tour wycieczka z
  przewodnikiem
guitar gitara
gun pistolet
gym sala gimnastyczna

H

hail grad
hair włosy

hairbrush szczotka do włosów
haircut strzyżenie
hairdresser fryzjer
hairdryer suszarka do włosów
hair gel żel do włosów
hairspray lakier do włosów
half pół
half-hour pół godziny
half price pół ceny
ham szynka
hamburger hamburger
hammer młotek
hand ręka
handbag torebka
handbrake hamulec ręczny
handicapped niepełnosprawny
handicrafts wyroby artystyczne
handkerchief chusteczka
handle (of door, window) klamka
handlebars kierownica roweru
handmade wykonany ręcznie
handsome przystojny
hangover kac
happen wydarzać (wydarzyć) się
tell me what happened powiedz mi co się stało
happy zadowolony
happy birthday! wszystkiego najlepszego z okazji urodzin!
harbour przystań
hard twardy
hard disk twardy dysk
harm (damage) krzywda
(injure) uszkadzać (uszkodzić)
hat czapka; kapelusz
to have mieć
do you have a car/phone? masz samochód/telefon?
to have to; must musieć
hay fever katar sienny
he on
head głowa
headache ból głowy
to have a headache cierpieć na ból głowy
headlight reflektor
headphones słuchawki

health zdrowie
healthy zdrowy
to hear słyszeć
heart serce
heartbroken zrozpaczony
heater grzejnik
heating ogrzewanie
heat up podgrzewać (podgrzać)
heavy ciężki
heel (foot) pięta
(of shoe) obcas
height wysokość
helicopter helikopter
hello cześć
helmet kask
help pomoc
help! ratunku!
here tutaj
here's my phone number to mój numer telefonu
high wysoki
hiking wycieczki piesze
hill wzgórze
hill-walking turystyka górska
him jego
hip biodro
hire (car, equipment, hall) wynajmować (wynająć)
for hire do wynajęcia
his jego
historical sights zabytki
history historia
hit uderzać (uderzyć)
hitchhike jeździć (pojechać) autostopem
HIV wirus HIV
to be HIV positive/negative być seropozytywnym/seronegatywnym
hobby hobby
hold trzymać
(contain) zawierać (zawrzeć)
(delay) zatrzymywać (zatrzymać)
hole dziura

holiday urlop/wakacje
(public) dzień wolny od pracy
home dom
at home w domu
homesick tęskniący za domem
homework zadanie domowe
homosexual homoseksualny
honest uczciwy
honey miód
honeymoon miesiąc miodowy
hood kaptur
hook hak
hope mieć nadzieję
I hope so/not mam nadzieję/mam
nadzieję, że nie
horn róg
horse koń
horse racing wyścigi konne
horse riding jazda konna
hospital szpital
hostel schronisko
hot gorący
(spicy) ostry
hotel hotel
hour godzina
house, home dom
housewife gospodyni domowa
housework prace domowe
how jak
how are you? jak się pan/pani
miewa?
how lovely/awful! to
wspaniale/okropne!
how much? ile?
how often? jak często?
hungry głodny
hunt polować (zapolować) na
hunting polowanie
to hurry spieszyć się
to hurt boleć
where does it hurt? gdzie pana/
panią boli?
husband mąż
hut (house) chata
(shed) szopa

I

I ja
I'd like... (man speaking) chciałbym
(woman speaking) chciałabym
ice lód
ice cream lody
ice cube kostka lodu
ice hockey hokej
ice rink lodowisko
ice-skating łyżwiarstwo
idea pomysł
identity card dowód osobisty
if jeżeli
ill chory
illness choroba
immediately natychmiast
immigration imigracja
import importować
important ważny
impossible niemożliwy
improve poprawiać (poprawić)
in (place) w
in the afternoon po południu
in the evening wieczorem
inch cal
including w tym
inconvenient niedogodny
increase wzrost
indigestion niestrawność
indoors wewnątrz
infection infekcja
infectious zakaźny
information informacja
ingredient składnik
injection zastrzyk
injure ranić (zranić)
injured ranny
ink atrament
innocent niewinny
insect repellent środek
odstraszający owady
inside w środku
instant chwila
instead of... zamiast...
instructions for use instrukcja
obsługi
instructor instruktor

insulin insulina
insurance ubezpieczenie
insure ubezpieczać (ubezpieczyć)
intention zamiar
interesting interesujący
international międzynarodowy
internet Internet
internet café kawiarenka
  internetowa
interpreter tłumacz
to introduce oneself przedstawić
  się
interval przerwa
interview rozmowa kwalifikacyjna
into do
let's go into town chodźmy do
  miasta
introduce przedstawiać
  (przedstawić)
invitation zaproszenie
to invite zaprosić
iPod® iPod®
Ireland Irlandia
Irish irlandzki
iron (metal) żelazo
  (for clothes) żelazko
ironing board deska do prasowania
is it...? czy to jest...?
is there...? czy jest...?
island wyspa
it to
Italian (person) Włoch
  (language) włoski
Italy Włochy
itch swędzić (zaswędzić)
itchy swędzący
item rzecz
  (on bill) pozycja

J

jack (for car) lewarek
jacket (for man/woman)
  żakiet/marynarka
jam (preserve) dżem
jammed (roads) zapchany
  (mechanism, machine)
  unieruchomiony

January styczeń
jar słoik
jaw szczęka
jealous zazdrosny
jeans dżins
jelly (dessert) galaretka
jellyfish meduza
Jew żyd
jeweller's sklep jubilerski
jewellery biżuteria
Jewish żydowski
job praca
jog biegać
join (become member of) wstępować
  (wstąpić) do
join in przyłączać (przyłączyć) się
joint (body) staw
joke żart
journalist dziennikarz
journey podróż
judge sędzia
jug dzbanek
juice sok
July lipiec
jump skakać (skoczyć)
jumper sweter
junction (of roads) skrzyżowanie
June czerwiec
jungle dżungla
just: *it's just right* właśnie tak
we were just going właśnie
  wychodziliśmy

K

keep (za)trzymać
kettle czajnik
key klucz
keyboards syntezator
kick kopać (kopnąć)
kid (child) dziecko; dzieciak
kidney nerka
kill zabijać (zabić)
kilo kilo
kilometre kilometr
kind (nice) uprzejmy
  (type, sort) rodzaj
king król

kiosk kiosk
kiss pocałunek
kitchen kuchnia
kite latawiec
kiwi fruit kiwi
knee kolano
knickers majtki
knife nóż
knit robić (zrobić) na drutach
knock (on door) pukanie
knock down przewracać
  (przewrócić)
knot węzeł
to know wiedzieć
(person, place, subject) znać
kosher koszerny

L

label metka
lace (fabric) koronka
(of shoe) sznurowadło
ladder drabina
Ladies (toilet) damska (toaleta)
lady pani
lager piwo pełne jasne
lake jezioro
lamb jagnię
lamp lampa
lamp-post latarnia
lampshade abażur
land teren
landlady właścicielka
landline phone telefon stacjonarny
landlord właściciel
landscape krajobraz
language język
language laboratory laboratorium
  językowe
laptop laptop
large duży
larger większy
last ostatni
last night wczorajsza noc
last week zeszły tydzień
the last time ostatni raz
late późny
later później

launderette pralnia
law prawo
lawyer prawnik
lead (electric) kabel
(metal) ołów
lead-free bezołowiowy
leaf liść
to leak przeciekać
learn uczyć (nauczyć) się
leather skóra
to leave (on foot) wychodzić (wyjść)
(by transport) wyjeżdżać (wyjechać)
(something behind) zostawić
leek por
left (to turn) lewy; na lewo
left-handed leworęczny
left-luggage przechowalnia
  bagażu
leg noga
legal prawny
leisure centre centrum rekreacji
lemon cytryna
lemonade lemoniada
lend pożyczać (pożyczyć) coś
  komuś
length długość
lens (of spectacles) soczewka
(of telescope, camera) obiektyw
less mniej
less than half mniej niż połowa
lesson lekcja
to let (hire, rent) wynajmować
  (wynająć)
letter list
letterbox skrzynka pocztowa
lettuce sałata
level crossing przejazd kolejowy
library biblioteka
licence zezwolenie
(driving) prawo jazdy
lid wieko
lie: *to tell lies* kłamać (skłamać)
to lie down położyć się
life jacket kamizelka ratunkowa
lifebelt pas ratunkowy
lifeboat łódź ratunkowa
lifeguard ratownik

lift (elevator) winda
light (daylight) światło
light bulb żarówka
lighter (cigarette) zapalniczka
lighthouse latarnia morska
lightning piorun
to like lubić
I'd like an ice cream chciałbym loda
would you like a coffee? chciałby pan kawy?
lime limonka
line (of people, things) rząd
(telephone) linia
linen płótno
lip warga
lip-read czytać z ruchu warg
lipstick szminka
list lista
to listen to słuchać (posłuchać)
litre litr
litter śmieć
little mały
a little trochę
to live mieszkać; żyć
liver wątroba
living room pokój dzienny
local lokalny
lock (of door) zamek
locker szafka
log kłoda
lollipop lizak
London Londyn
Londoner londyńczyk
long długi
a long way daleko
to look after opiekować (zaopiekować) się
to look at spoglądać (spojrzeć) na
to look for szukać
loose luźny
lorry ciężarówka
to lose gubić (zgubić)
lost zagubiony
lost property office biuro rzeczy znalezionych
lot: *a lot of* dużo

lottery loteria
loud głośny
loudspeaker głośnik
lounge salon
love miłość
I love you Kocham cię
I'd love to come chęcią przyjdę z
lovely uroczy
low niski
luck szczęście
lucky szczęśliwy
luggage bagaż
luggage trolley wózek bagażowy
lump bryła
(on body) guz
lunch obiad
lunchtime pora lunchu
lung płuco
luxury luksus

M
machine maszyna
mad szalony
magazine czasopismo
maggot robak
magnet magnes
magnifying glass szkło powiększające
maid pokojówka
mail poczta
by mail pocztą
main główny
main course danie główne
make robić (zrobić)
(brand) marka
make-up makijaż
male płci męskiej
man mężczyzna
manage zarządzać
manager kierownik
mango mango
manual podręcznik
many dużo
map mapa
marble marmur
March marzec
margarine margaryna

mark znak
(stain) plama
market rynek; targ
marmalade marmolada
married man żonaty
married woman mężatka
marry poślubiać (poślubić)
marsh bagno
mascara tusz do rzęs
mashed potato puree
ziemniaczane
mass msza
massage masaż
masterpiece arcydzieło
match (game) mecz
matches zapałki
material materiał
matter (be important) mieć
znaczenie
mattress materac
May maj
may: may I? czy mogę?
mayonnaise majonez
meal posiłek
to mean znaczyć
what do you mean? co masz
na myśli?
measles odra
measure mierzyć (zmierzyć)
meat mięso
mechanic mechanik
medical (treatment, care) medyczny
medication leki
Mediterranean region Morza
Śródziemnego
medium średni
to meet spotykać (spotkać);
poznawać (poznać)
meeting spotkanie
megabyte megabyte
megahertz megaherc
melon melon
melt topić (stopić) (się)
member członek; ugrupowania
memory pamięć
mend naprawiać (naprawić)
menu menu; karta; jadłospis

message wiadomość
metal metal
meter (for gas, water, electricity)
licznik
(parking) parkomat
metre metr
microphone mikrofon
microwave oven mikrofalówka
midday południe
middle środek
middle-aged w średnim wieku
midge muszka
midnight północ
migraine migrena
mile mila
milk mleko
milk chocolate czekolada mleczna
milkshake koktajl mleczny
millimetre milimetr
mince (meat) mięso mielone
mind: would you mind if...? czy
miałby pan/czy miałaby pani coś
przeciwko temu, żeby...?
mineral water woda mineralna
minibus mikrobus
Minidisc® minidisc®
minimum minimalny
minister minister
minor drobny; małoletni
mint (plant) mięta
(sweet) miętówka
minute minuta
mirror lustro
to miss (train, bus, plane) nie zdążać
(zdążyć)
Miss panna
missing zaginiony
mist mgła
mistake pomyłka
misunderstanding
nieporozumienie
mix mieszać (zmieszać)
mixer (food) mikser
mobile (phone) telefon
komórkowy/komórka
mobile phone charger ładowarka
do telefonu komórkowego

modem modem
modern współczesny
moisturizer krem nawilżający
mole (on skin) pieprzyk
moment chwila
at the last moment w ostatniej chwili
monastery klasztor
Monday poniedziałek
money pieniądze
month miesiąc
every month co miesiąc
monthly miesięczny
monument pomnik
moon księżyc
more więcej
is there/are there any more? czy jest/są jeszcze?
more than 20 więcej niż dwadzieścia
morning rano
good morning! dzień dobry!
this morning tego ranka
mosque meczet
mosquito komar
most większość
most of it/them większość z tego/nich
mother matka
mother-in-law teściowa
motor silnik
motorbike motocykl
motorway autostrada
mountain gora
mountain bike rower górski
mountain biking jazda na rowerze po górach
mountaineering wspinaczka wysokogórska
mountain pass przełęcz górska
mouse mysz
mouth usta
to move ruszać (ruszyć)
MP3 player odtwarzacz MP3
Mr pan
Mrs pani
Ms pani

much dużo
muddy zabłocony
mug kubek
mugging napad
mumps świnka
muscles mięśnie
museum muzeum
mushrooms grzyby
music muzyka
musical muzyczny
must; to have to musieć
mustard musztarda
my (possessive) *m* mój;
f moja;
n moje

N

nail (of finger, toe) paznokieć (for hammering) gwóźdź
nail file pilnik do paznokci
nail polish lakier do paznokci
name (surname) nazwisko (first name) imię
my name is Peter mam na imię Peter
what's your name? jak się pan/pani nazywa?
nanny opiekunka do dziecka
napkin serwetka
nappies pieluszki
narrow wąski
national narodowy
nationality narodowość (citizenship) obywatelstwo
national park park narodowy
natural naturalny
nature natura; przyroda
nausea mdłości
navy-blue granatowy
near blisko; bliski
in the near future w niedalekiej przyszłości
my office is quite near moje biuro jest dosyć blisko
necessary konieczny
neck szyja
necklace naszyjnik
nectarine nektarynka

to need potrzebować
I need a haircut/bath muszę obciąć włosy/wziąć kąpiel
I need a holiday przydałby mi się urlop
needle igła
negative negatywny
neighbour sąsiad
nephew siostrzeniec
net sieć
the Net internet
neutral (car) luz
in neutral na luzie
never nigdy
new nowy
news (TV, radio, etc.) wiadomości
newsagent kiosk
newspaper gazeta
New Year nowy rok
Happy New Year! Szczęśliwego Nowego Roku!
New Year's Eve Sylwester
New Zealand Nowa Zelandia
140 **next** następny
next week, month przyszły tydzień/miesiąc
the next day/morning następnego dnia/poranka
nice miły
nice-looking ładny
niece (brother's daughter) bratanica
(sister's daughter) siostrzenica
night noc
nightclub klub nocny
nightie koszula nocna
no nie
no thanks nie, dziękuję
no way! nie ma mowy!
nobody nikt
noise hałas
noisy hałaśliwy
nonsense bzdura
non-smoking niepalący
noon południe
normal normalny
north północ
Northern Ireland Irlandia Północna

nose nos
nosebleed krwawienie z nosa
not nie
not really raczej nie
not yet jeszcze nie
note (message) notatka
(banknote) banknot
notepad notes
nothing nic
nothing else nic innego
notice (sign) ogłoszenie
(warning) zawiadomienie
noticeboard tablica ogłoszeniowa
novel powieść
now teraz
nowhere nigdzie
nuclear nuklearny
number liczba
number plate tablica rejestracyjna
nurse pielęgniarka
nursery przedszkole
nursery school przedszkole
nut (to eat) orzech

O

oar wiosło
oats owies
obtain uzyskiwać (uzyskać)
occupation zawód
occupied zajęty
ocean ocean
o'clock godzina
October październik
odd (strange) dziwny
(number) nieparzysty
of z
a kilo of flour kilogram mąki
of course! oczywiście!
off (not turned on) wyłączony
(cancelled) odwołany
office biuro
off-licence sklep monopolowy
often często
how often do you wash the car? jak często pan/pani myje samochód?
oil olej
ointment maść

OK w porządku; dobrze
old stary
he's 8 years old on ma osiem lat
how old are you? ile masz lat?
old age pensioner emeryt
olive oliwka
olive oil oliwa z oliwek
on na
it's on the table/wall jest na stole/
 na ścianie
on business służbowo
on foot piechotą
on Friday w piątek
on the right/on the left na prawo/
 na lewo
once raz
one-way jednokierunkowy
onion cebula
only jedyny
open otwarte
to open otwierać (otworzyć)
opera opera
operation operacja
operator telefonista
opposite naprzeciwko
the opposite przeciwieństwo
optician optyk
or albo
orange (fruit) pomarańcza
orange juice sok pomarańczowy
orchestra orkiestra
to order zamawiać (zamówić)
(in restaurant) składać (złożyć)
 zamówienie
out of order awaria; nie działa/
 nieczynne
organize organizować
 (zorganizować)
ornament ozdoba
other inny
our nasz
outdoors na świeżym powietrzu
outside na zewnątrz
oven piekarnik
over ponad
(on top of) **nad**
overdose nadmierna dawka

overland (post) lądowa
overtake wyprzedzać (wyprzedzić)
owe być winnym komuś coś
owner właściciel
oxygen tlen

P

pack pakować (spakować)
package paczka
packet paczka
paddle wiosło
padlock kłódka
page strona
pain ból
pain killer środek przeciwbólowy
palace pałac
pale blady
palm (tree) palma
(hand) dłoń
pan patelnia
pancakes naleśniki
pants majtki
paper papier
paralysed sparaliżowany
paramedic ratownik; medyczny
parcel paczka
pardon: *what did you say?*
 przepraszam, nie dosłyszałem?
parents rodzice
park park
to park parkować (zaparkować)
parking meter parkomat
parking ticket mandat za
 nieprawidłowe parkowanie
party impreza
(political) partia
(social event) przyjęcie
birthday party przyjęcie
 urodzinowe
pass (place, person) mijać (minąć)
(exam, test) zdać
passenger pasażer
passport paszport
password hasło
pasta makaron
pastry (dough) ciasto
(cake) ciastko

path droga; ścieżka
patient pacjent
pavement chodnik
to pay płacić (zapłacić)
payment opłata
payphone automat telefoniczny
PDA (personal digital assistant) palmtop
peace pokój
peach brzoskwinia
peak (mountain) szczyt
pear gruszka
pearl perła
pedal pedał
pedestrian pieszy
pedestrian crossing przejście dla
 pieszych
peel skórka
peg (clothes) klamerka
pen pióro
pencil ołówek
penfriend korespondencyjny
 przyjaciel
penicillin penicylina
142 penis penis
penknife scyzoryk
pensioner emeryt
people ludzie
people carrier minivan; minibus
pepper (spice) pieprz
(vegetable) papryka
per na
per annum na rok
per day na dzień
per hour na godzinę
per person na osobę
perfect doskonały
performance przedstawienie
perfume perfumy
perhaps może
period (menstrual) okres
perm trwała
permit zezwolenie
person osoba
personal osobisty
pet zwierzę domowe
petrol benzyna
petrol station stacja benzynowa

pharmacy apteka
to phone dzwonić (zadzwonić)
phone book książka telefoniczna
phone box budka telefoniczna
phone call rozmowa telefoniczna
phonecard karta telefoniczna
phone number numer telefonu
photograph zdjęcie
to take a photograph of sb/sth robić
 (zrobić) zdjęcie komuś/czemuś
phrase book rozmówki
piano fortepian
pick (choose) wybierać (wybrać)
(gather) zbierać (zebrać)
picnic piknik
picture (painting, drawing) obraz
(photograph) zdjęcie
pie pasztecik
piece (of something) kawałek
pier molo
pig świnia
pill pigułka
to be on the pill brać (wziąć)
 pigułki antykoncepcyjne
pillow poduszka
pilot pilot
pin szpilka
PIN number numer PIN
pineapple ananas
pink różowy
pint = approx. 0.5 litre
pipe (for water, gas) rura
(for smoking) fajka
pitch boisko
pity: *what a pity!* szkoda!
pizza pizza
place miejsce
plane samolot
plant roślina
plaster (for walls, ceilings) tynk
(sticking) plaster
plastic plastik
plate talerz
platform peron
play (theatre) sztuka
to play (instrument) grać na...
playground plac zabaw

pleasant przyjemny
please proszę
pleased zadowolony
pleased to meet you miło mi
 pana/panią poznać
plug gniazdko
plug in włączać (włączyć)
plum śliwka
plumber hydraulik
p.m. po południu
pneumonia zapalenie płuc
poached gotowane bez skorupek
pocket kieszeń
poison trucizna
point punkt
police policja
policeman/policewoman
 policjant/policjantka
police station komisariat policji
Polish polski
(man) Polak
(woman) Polka
polish (for shoes) pasta
polluted zanieczyszczony
pony kucyk
pony trekking jazda konna
pool basen
poor biedny
port (harbour) port
porter (doorkeeper) portier
(on train) tragaż
portion porcja
Portugal Portugalia
Portuguese portugalski
(language) portugalski
possible możliwy
to post wysyłać (wysłać) pocztą
postbox skrzynka na listy
postcard pocztówka
postcode kod pocztowy
poster plakat
postman/postwoman
 listonosz/listonoszka
post office poczta
postpone odkładać (odłożyć)
pot (cooking) garnek
potato chips frytki

potatoes ziemniaki
pound (money) funt
(weight) funt
half a pound pół funta
to pour wlewać (wlać)
powder puder
power (control) władza
(electricity) energia
to pray modlić (pomodlić) się
prefer woleć
pregnancy ciąża
pregnant w ciąży
prepare przygotowywać
 (przygotować)
prescription recepta
present (gift) prezent
pressure nacisk
pretty ładny
price cena
price list cennik
priest ksiądz
Prime Minister Prezes Rady
 Ministrów
print drukować (wydrukować)
printer drukarka
printout wydruk
prison więzienie
private prywatny
prize nagroda
probably prawdopodobnie
problem problem
professor profesor
programme program
prohibit zakazywać (zakazać)
promise obietnica
to promise obiecywać (obiecać) coś
 komuś
to pronounce wymawiać (wymówić)
Protestant protestant
provide zapewniać (zapewnić)
public publiczny
public holiday święto państwowe
pudding deser
to pull ciągnąć
to pull a muscle naciągnąć mięsień
pull up (stop vehicle) zatrzymywać
 (zatrzymać) się

pullover pulower; sweter
pump pompa
(inflate) pompować (napompować)
puncture przebicie dętki
puppet marionetka
purple fioletowy
purpose cel
on purpose celowo
purse portmonetka
push pchnięcie
to push pchać (pchnąć)
pushchair wózek
put kłaść (położyć)
pyjamas piżama

Q

quality jakość
quantity ilość
quarantine kwarantanna
quarrel kłótnia
quarter ćwierć
quay nabrzeże
queen królowa
query pytanie
question pytanie
queue kolejka
to queue stawać (stać) w kolejce
  po coś
quick szybki
quickly szybko
quiet cichy; spokojny
quilt kołdra
quite dość
quite a few całkiem sporo
quite a lot of money całkiem sporo
  pieniędzy
quiz quiz

R

rabbit królik
rabies wścieklizna
race wyścig
racecourse tor wyścigowy
racket (tennis, etc.) rakieta
radiator kaloryfer
radio radio
raft tratwa

railcard zniżkowa karta kolejowa
railway kolej
railway station dworzec kolejowy
rain deszcz
it's raining pada (deszcz)
raincoat płaszcz
  przeciwdeszczowy
rake grabie
rape gwałt
to rape gwałcić (zgwałcić)
rare rzadki
rash (skin) wysypka
raspberry malina
rat szczur
raw surowy
razor maszynka do golenia
razor blade żyletka
to read czytać (przeczytać)
ready gotowy
to get ready przygotowywać
  (przygotować) się
real prawdziwy
realize zdawać (zdać) sobie sprawę z
receipt kwit; pokwitowanie;
  paragon
receiver słuchawka
receptionist recepcjonista
recipe przepis
recognize rozpoznawać
  (rozpoznać)
to recommend polecać (polecić)
record (sound) płyta
(sales, profits, levels) rekordowy
recover zdrowieć (wyzdrowieć)
recycle przetwarzać (przetworzyć)
red czerwony
reduce zmniejszać (zmniejszyć)
reduction zniżka
refer odwoływać się do
refill napełniać (napełnić) ponownie
refrigerator lodówka
refund zwrot pieniędzy
(money) refundować (zrefundować)
to refuse odmawiać (odmówić)
  zrobienia czegoś
regard uważać (coś za coś)
region region

register (in school) lista obecności
registration rejestracja
relation (relative) krewny
relationship związek
remain (stay) zostawać (zostać)
remember pamiętać
she remembered to do it pamiętała, żeby to zrobić
to remember pamiętać
remote control pilot
remove usuwać (usunąć)
rent czynsz
rent out wynajmować (wynająć)
to rent wynajmować (wynająć)
repair naprawa
to repair naprawić; zreperować
repeat powtarzać (powtórzyć)
report sprawozdanie
request prośba
require potrzebować
rescue ratunek
to reserve rezerwować (zarezerwować)
reserved seat on train miejscówka
resident mieszkaniec
resort miejscowość wypoczynkowa
rest (remainder) reszta
(relax) odpoczywać (odpocząć)
restaurant restauracja
restriction ograniczenie
return (journey) powrotny
(something) zwracać (zwrócić)
retired emeryt
return ticket bilet w powrotną stronę
reverse przeciwny
reverse-charge call rozmowa na koszt rozmówcy
rib żebro
rice ryż
rich (person) bogaty
ride (bicycle, horse) jechać (pojechać)
right (direction) prawo; na prawo
(correct) dobrze; poprawnie
ring pierścionek
(bell, doorbell) dzwonić (zadzwonić)
river rzeka

road droga
road map mapa samochodowa
road sign znak drogowy
roadworks roboty drogowe
roast piec (upiec)
to rob (someone) okraść
robbery rabunek
roll (bread) bułka
rollerblades łyżworolki
roller skates wrotki
romantic romantyczny
roof dach
roof rack bagażnik dachowy
room pokój
single/double room pokój jednoosobowy/dwuosobowy
root korzeń
rope lina
rose róża
rotten (food) zepsuty
rough (surface) szorstki
(sea) wzburzony
round (circular) okrągły
roundabout rondo
route szlak
row (boat) wiosłować (powiosłować)
in a row w rzędzie
rowboat łódź wiosłowa
rowing wioślarstwo
royal królewski
rubber guma
rubber boot kalosz
rubbish śmieci
rucksack plecak
rude niegrzeczny
rug chodnik
ruin ruina
ruler linijka
to run (means of transport) kursować
rush hour godzina szczytu
rusty zardzewiały
rye żyto

S

sad smutny
saddle (horse) siodło
(bike) siodełko

safe bezpieczny
safety bezpieczeństwo
to sail żeglować
to sail from odpływać
sailing boat żaglówka
saint święty
salad sałatka
salami salami
salary pensja
sale wyprzedaż
for sale na sprzedaż
sales assistant sprzedawca
salesman/saleswoman
  akwizytor/akwizytorka
salt sól
salty słony
same taki sam
sample próbka
sand piasek
sandal sandał
sandwich kanapka
a cheese/ham/jam sandwich
  kanapka z serem/szynką/dżemem
sanitary towel podpaska
satellite satelita
satellite television telewizja
  satelitarna
satisfied zadowolony
Saturday sobota
sauce (savoury) sos
(sweet) **polewa**
saucepan rondel
saucer spodek
sausage kiełbasa
save (person) ratować (uratować)
(money, time) **oszczędzać**
  (oszczędzić)
savoury pikantny
to say mówić
scales (weighing) waga
scarf szalik/apaszka
scenery krajobraz
schedule harmonogram
school szkoła
scissors nożyczki
score wynik
Scotland Szkocja

Scot (man) Szkot
(woman) **Szkotka**
Scottish szkocki
screen ekran
screw śruba
screwdriver korkociąg
sculpture rzeźbiarstwo
sea morze
seafood owoce morza
search poszukiwania
search engine wyszukiwarka
seasick: *I'm seasick* jest mi
  niedobrze
season (of year) pora roku
seat miejsce
seat belt pas bezpieczeństwa
seaweed wodorosty
second drugi
second-class zwykły
second-hand używany
secretary sekretarz
security środki bezpieczeństwa;
  ochrona
security guard strażnik
to see widzieć (zobaczyć)
see you! do zobaczenia!
self-catering z wyżywieniem we
  własnym zakresie
self-employed pracujący na własny
  rachunek
self-service samoobsługa
to sell sprzedawać (sprzedać)
sell-by date data ważności
Sellotape® taśma klejąca
to send wysyłać (wysłać)
senior citizen emeryt
sensible rozsądny
separately osobno
September wrzesień
serious poważny
to serve podawać (podać)
service obsługa
serviette serwetka
set menu zestaw dnia
settee sofa
several kilka
to sew zszywać (zszyć) coś

sex (gender) płeć
shade cień
shake (bottle) wstrząsać (wstrząsnąć)
shallow płytki
shampoo szampon
to share dzielić
sharp ostry
to shave golić się (ogolić się)
shaver golarka
shaving cream krem do golenia
she ona
sheep owca
sheet (linen) prześcieradło
shelf półka
shell (beach) muszla
(snail, crab) skorupa
shelter (building) schronienie
(protection) osłona
shirt koszula
shock szok
(electric) porażenie
shoes buty
shoelace sznurowadło
shoe polish pasta do butów
shoe shop sklep obuwniczy
shop sklep
shop assistant (male) sprzedawca
(female) sprzedawczyni
shopping zakupy
to go shopping iść/chodzić (pójść) na zakupy
shopping centre centrum handlowe
shore brzeg
short krótki
shortage niedobór
short cut skrót
shorts szorty
short-sighted krótkowzroczny
shoulder bark; ramię
shout krzyczeć (krzyknąć)
to show pokazywać (pokazać)
shower prysznic
to have a shower brać (wziąć) prysznic
shrink kurczyć (skurczyć) się

to shut zamykać (zamknąć)
to be sick wymiotować (zwymiotować)
to feel sick mieć nudności
side strona
sideways w bok
sieve przesiewać (przesiać)
sights (views to look at) widoki
sightseeing zwiedzać (zwiedzić)
sign znak
signal sygnał
there's no signal nie ma sygnału
signature podpis
signpost znak drogowy
silk jedwab
silver srebro
SIM card karta SIM
similar to podobny do czegoś
sing śpiewać (zaśpiewać)
single (room) jednoosobowy
(ticket) bilet w jedną stronę
sister siostra
sink zlew
sir pan
sister siostra
sister-in-law szwagierka
to sit down siadać (usiąść)
site miejsce
(website) witryna strona internetowa
size rozmiar
skate (ice) łyżwa
(roller) wrotka
skateboard deskorolka
skating rink lodowisko
to ski jeździć na nartach
skid wpadać (wpaść) w poślizg
skin skóra
skirt spódnica
skis narty
sky niebo
sledge sanie
sleep spać
sleeping bag śpiwór
sleeping mat (e.g. Karrimat) materac do spania (np. karimata)
sleeping pill tabletka nasenna
slice plasterek

sliced bread pokrojony chleb
slow (po)wolny
slowly powoli
small mały
small change drobne
smaller mniejszy
to smell (nice) ładnie pachnieć
smile uśmiech
to smoke palić
smoke alarm czujnik dymu
smooth gładki
SMS message sms
snack przekąska
snack bar bar szybkiej obsługi
snake wąż
sneeze kichać (kichnąć)
snore chrapać (chrapnąć)
snorkelling nurkowanie z rurką
snow śnieg
it's snowing pada śnieg
snowball śnieżka
soap mydło
soap powder proszek do prania
sober trzeźwy
socket gniazdko
socks skarpety
sofa sofa
soft miękki
soft drinks napoje chłodzące
software oprogramowanie
soldier żołnierz
sole podeszwa
some (a few) kilka; kilku
some more jeszcze trochę; parę
someone ktoś
something coś
sometimes czasami
son syn
son-in-law zięć
soon wkrótce
as soon as jak tylko
sore obolały
sorry! przepraszam
sort rodzaj
soup zupa
sour kwaśny
sour milk kwaśne mleko

south południe
souvenirs pamiątki
space miejsce; przestrzeń
spade łopata
Spain Hiszpania
spam (email) spam
spanner klucz do nakrętek
spare wolny
spare part część zamienna
spare time wolny czas
to speak mówić
he speaks English mówi po
  angielsku
speaker mówca
special specjalny
specialist specjalista
speciality specjalność
speed prędkość
speeding przekroczenie
  dozwolonej prędkości
speed limit ograniczenie prędkości
spell okres
to spend (time/money)
  spędzać/wydawać
spice przyprawa
spicy pikantny
spider pająk
spill rozlewać (rozlać)
spinach szpinak
spirit duch
splinter drzazga
sponge gąbka
spoon łyżka
sport sport
sportsman/sportswoman
  sportowiec/sportsmenka
sportswear ubranie sportowe
sprain zwichnięcie
spring wiosna
square (town) plac
squash (vegetable) kabaczek
(sport) squash
squeeze ściskać (ścisnąć)
stadium stadion
stage scena
stain plama
stairs schody

stale czerstwy
stall stragan
stamps znaczki
stand trybuna
to start zaczynać (zacząć)
starters przystawki
station dworzec
stationary nieruchomy
statue posąg
stay pobyt
steak stek
steal kraść (ukraść)
to steal from someone okraść kogoś
to steal something ukraść coś
steam para
steel stal
steep stromy
steeple wieża strzelista
steering wheel kierownica
step krok
stepbrother przyrodni brat
stepdaughter pasierbica
stepfather ojczym
stepmother macocha
to stink śmierdzieć
stereo zestaw stereo
sterling funt szterling
steward steward
stewardess stewardesa
stick kij
still nieruchomy
sting użądlenie
stitch ścieg
stocking pończocha
stomach żołądek
I've got stomach ache boli mnie żołądek
stone kamień
to stop zatrzymać się
store (shop) sklep
storey piętro
storm burza
story opowieść
straight away natychmiast
straight on prosto
strange dziwny

straw słoma
strawberry truskawka
stream strumień
street ulica
strength siła
stress podkreślać (podkreślić)
strike (workers) strajkować (zastrajkować)
string sznurek
striped w pasy
stroke (medical) udar
strong silny
student (university) student (school) uczeń
stupid głupi
subtitles napisy
subway metro
suddenly nagle
suede zamsz
sugar cukier
suggest sugerować (zasugerować)
suit (man's) garnitur (woman's) kostium
suitcase walizka
sum suma
summer lato
sun słońce
sunbathe opalać (opalić) się
sunburn oparzenie słoneczne
sun cream krem z filtrem przeciwsłonecznym
Sunday niedziela
sunglasses okulary przeciwsłoneczne
sunny: it is sunny jest słoneczna pogoda
sunrise wschód słońca
sun roof szyberdach
sunset zachód słońca
supermarket supermarket
supper kolacja
supplement opłata dodatkowa
supply dostarczać (dostarczyć)
surf surfować
surgery (treatment) operacja (doctor, dentist) przychodnia
surname nazwisko

surprise niespodzianka
surroundings okolica
survive przeżyć
suspension (of car) zawieszenie
swallow połykać (połknąć)
sweat pot
sweater sweter
sweatshirt bluza sportowa
sweet (not savoury) słodki
(dessert) deser
sweet shop cukiernia
to swim pływać
swimming pool basen; pływalnia
swimsuit kostium kąpielowy
swing (playground) huśtawka
Swiss szwajcarski
to switch off wyłączać (wyłączyć)
to switch on włączać (włączyć)
Switzerland Szwajcaria
swollen spuchnięty
synagogue synagoga
syringe strzykawka

150 T

table stół
table tennis ping-pong
tablecloth obrus
tablespoon łyżka stołowa
tablet tabletka
tailor krawiec
to take zabrać (wziąć)
to take out (tooth) wyrwać ząb
takeaway (food) jedzenie na wynos
takeoff start
to talk rozmawiać
tall wysoki
tampon tampon
tangerine mandarynka
tank (petrol, water) zbiornik
(fish) akwarium
tap kran
tape (cassette) taśma
tape measure centymetr
tape recorder magnetofon
taste smak
tax podatek
taxi taksówka

taxi rank postój taksówek
tea herbata
teach uczyć (nauczyć)
teacher nauczyciel
team grupa; ekipa
teapot imbryczek do herbaty
teaspoon łyżeczka
tear (rip, hole) dziura
(crying) łza
tea towel ścierka do naczyń
teenager nastolatek
telephone telefon
to telephone dzwonić (zadzwonić)
telephone book książka telefoniczna
television telewizor
to tell powiedzieć
temperature temperatura
temporary chwilowy
tennis tenis
tennis court kort tenisowy
tennis player tenisista
tent namiot
terminal śmiertelny
(airport) terminal
terrace taras
test test
text tekst
textbook podręcznik
text message es-em-es (SMS)
than niż
more than 20 więcej niż
   dwadzieścia
thank you dziękuję
that ten; to
that's my house to mój dom
the: the man/girl/house/book
   mężczyzna/dziewczyna/dom/
   książka
theatre teatr
theft kradzież
their ich
them ich
(indirect) im
there tam
there is/there are jest/są
thermometer termometr
these ci; te

these days te dni
they oni; one
thick gruby
thief złodziej
thigh udo
thin (material) cienki
thing rzecz
how are things going? jak leci?
to think myśleć (pomyśleć)
third trzeci
thirsty *(I'm)* chce mi się pić
this one *m* ten; *f* ta; *n* to
this house ten dom
thorn cierń
thread nić
throat gardło
thrombosis zakrzepica
through przez
thumb kciuk
thunder grzmot
thunderstorm burza
Thursday czwartek
ticket bilet
ticket inspector konduktor
ticket office kasa biletowa
tide przypływ
high/low tide przypływ/odpływ
tidy uporządkowany
tie krawat
tights rajstopy
tile dachówka; kafelek
till kasa
till tomorrow! do jutra!
till receipt kwit, paragon
time czas
(clock) pora
what time is it? która godzina?
timetable rozkład jazdy
tin puszka
tin opener otwieracz do puszek
tip napiwek
tired zmęczony
tissue chusteczka
to do
to France/London/school
do Francji/Londynu/szkoły
to the left/right na lewo/prawo

toast tost; grzanka
tobacco tytoń
tobacconist's (shop) sklep
  tytoniowy
today dzisiaj
toe palec u nogi
together razem
together with razem z...
toilet toaleta
toilet roll rolka papieru
  toaletowego
toiletries przybory toaletowe
tomatoes pomidory
tomorrow jutro
the day after tomorrow pojutrze
tomorrow morning jutro rano
tongue język
tonic water tonik
tonight dziś wieczorem
tonsillitis zapalenie migdałków
too też; zbyt
me too! Ja też!
too bad! bardzo niedobrze!
too expensive zbyt drogo
tooth ząb
toothache ból zęba
to have toothache mieć ból zęba
toothbrush szczoteczka do zębów
toothpaste pasta do zębów
top (mountain) szczyt
(surface) góra
torch latarka
total całkowity
touch dotyk
tough (meat) twarde
(difficult) trudny
tour wycieczka
tourism turystyka
tourist turysta
tow holować (odholować)
towel ręcznik
tower wieża
town; city miasto
town hall ratusz
toy zabawka
tracksuit dres
traditional tradycyjny

traffic ruch uliczny
traffic jam korek
traffic lights światła uliczne
traffic warden funkcjonariusz kontrolujący prawidłowość parkowania
trailer przyczepa
train pociąg
trainer trener
tram tramwaj
translate tłumaczyć (przetłumaczyć)
translation tłumaczenie
to travel podróżować
travel agent's biuro podróży
traveller's cheques czeki podróżne
travel sickness choroba lokomocyjna
tray taca
tree drzewo
trekking poles kijki do wędrówki pieszej
trip wycieczka
152 **trolley** wózek
trouble kłopot
to be in trouble mieć kłopoty
trousers spodnie
truck ciężarówka
true prawdziwy
trunk pień
swimming trunks kąpielówki
truth prawda
try próba
to try próbować (spróbować)
try on mierzyć (zmierzyć)
T-shirt T-shirt
Tuesday wtorek
tumble dryer suszarka do ubrań
turn zakręt
to turn skręcać (skręcić)
turn around zawracać (zawrócić)
turquoise (colour) turkusowy
tweezers pęseta
twice dwa razy
twin bliźniaczy
twin room pokój dwuosobowy z dwoma łóżkami

twist przekręcać (przekręcić)
type typ
tyre opona
tyre pressure ciśnienie w oponach

U

ugly brzydki
ulcer wrzód
umbrella parasolka
uncle wujek
uncomfortable niewygodny
unconscious nieprzytomny
under pod
underground podziemie
underpants slipy
underpass przejście podziemne
to understand rozumieć (zrozumieć)
underwater pod wodą
underwear bielizna
undress rozbierać (rozebrać) się
unemployed bezrobotny
unfortunately niestety
unhappy niezadowolony
United Kingdom Zjednoczone Królestwo
United States Stany Zjednoczone
university uniwersytet
unleaded bezołowiowy
unless o ile nie
unlikely mało prawdopodobny
unlock (door) otwierać (otworzyć)
unpack (suitcase, bag) rozpakowywać (rozpakować)
unpleasant nieprzyjemny
unplug wyłączać (wyłączyć) z sieci
unscrew odkręcać (odkręcić)
until aż do
unwell niedobrze
up na/w górę
upper górny
upstairs na górze
urgent pilny
urine mocz
us nas
USA USA
to use używać (użyć)

use by... spożyć przed...
useful pożyteczny
useless bezużyteczny
usual zwykły
as usual jak zwykle
usually zazwyczaj

V

vacancy (job) wakat
(hotel) wolny pokój
vacant wolny
vacation urlop
vaccinate szczepić (zaszczepić)
  kogoś
vacuum cleaner odkurzacz
vacuum flask termos
vagina pochwa
valid ważny
valley dolina
valuable cenny
value wartość
van furgonetka
vase wazon
VAT VAT
veal cielęcina
vegan weganin
vegetables jarzyny/warzywa
vegetarian wegetariański
vehicle pojazd
vein żyła
velvet aksamit
vending machine automat
very/very much bardzo
vest (pod)koszulka
veterinary surgeon weterynarz
via przez
video wideo
(cassette) kaseta wideo
video camera kamera wideo
video game gra wideo
video recorder magnetowid
view widok
village wieś
vinegar ocet
vineyard winnica
virus wirus
visa wiza

to visit (sights) zwiedzać (zwiedzić)
(people) odwiedzać (odwiedzić)
visiting hours godziny zwiedzania
visitor osoba przyjezdna
vitamin witamina
vodka wódka
voice głos
voice mail poczta głosowa
volcano wulkan
volleyball siatkówka
voltage napięcie
volts wolty
to vomit wymiotować
  (zwymiotować)
to vote głosować (zagłosować)
voucher kupon

W

wage wypłata
waist talia
waistcoat kamizelka
to wait (for) czekać (na)
waiter kelner
waiting room poczekalnia
waitress kelnerka
wake up budzić (obudzić)
Wales Walia
to walk chodzić
to go for a walk iść na spacer
walking stick laska
walking trip wycieczka piesza
wall ściana
wallet portfel
to want chcieć
war wojna
ward (hospital) oddział
wardrobe szafa
warehouse magazyn
warm ciepły
it's warm jest ciepło
to wash (clothes) prać (wyprać)
(oneself) myć się (umyć się)
washbasin umywalka
washcloth myjka
washing rzeczy do prania
washing machine pralka
washing powder proszek do prania**

to wash up pozmywać
washing up liquid płyn do zmywania
wasp osa
watch (wrist) zegarek
to watch (tv) oglądać (obejrzeć)
water woda
a drink of water szklanka wody
waterfall wodospad
watermelon arbuz
waterproof nieprzemakalny
waterskis narty wodne
waves (sea) fale
way (route) droga
(method) sposób
way in (on foot) wejście
way out (exit) wyjście
we my
weak słaby
wear nosić
weather pogoda
what's the weather like? jaka jest pogoda?

weather forecast prognoza pogody
web internet sieć
website witryna strona internetowa
wedding ślub
we'd like to... please prosimy...
Wednesday środa
week tydzień
once/twice a week raz/dwa razy w tygodniu
this/next/last week w tym/przyszłym/zeszłym tygodniu
weekend koniec tygodnia; weekend
this/next/last weekend w ten/następny/poprzedni weekend
weekly tygodniowy
weight waga
welcome! (singular/plural) witaj!/witajcie!
well (ok) dobrze
well done (steak) dobrze wysmażony
wellington boot kalosz

Welsh walijski
(language) język walijski
west zachód
wet mokry
wet suit kombinezon/pianka do nurkowania
what co
what does it mean? co to znaczy?
what time is it? która godzina?
wheel koło
wheelchair wózek inwalidzki
when kiedy
where gdzie
where from? skąd?
where is/where are...? gdzie jest/gdzie są...?
which który
while chwila
for a while na jakiś czas
whisky whisky
white biały
who kto
whole cały
wholemeal bread chleb razowy
whose czyj
why? dlaczego?
why not? dlaczego nie?
wide szeroki
widow wdowa
widower wdowiec
width szerokość
wife żona
wig peruka
wild dziki
to win wygrywać (wygrać)
wind wiatr
window okno
window shop wystawa
windscreen szyba przednia
windscreen wiper wycieraczka
wine wino
wine bar winiarnia
wine glass kieliszek
wing skrzydło
winter zima
wire drut
wireless bezprzewodowy

with z; ze
without bez
woman kobieta
wonderful cudowny
wood (material) drewno
(trees) las
wooden drewniany
wool wełna
word słowo
work praca
(job) pracować
(function) działać (zadziałać)
world świat
all over the world na całym świecie
worried niespokojny
don't worry nie martw się
worse gorszy
worth wartość
it's worth it warto (to) zrobić
wrap zawijać (zawinąć)
wrapping paper papier do pakowania
wrinkled pomarszczony
wrist nadgarstek
to write pisać (napisać)
writer pisarz
writing paper papier do pisania
wrong niewłaściwy

X

X-ray prześwietlenie
to have an X-ray robić (zrobić) sobie prześwietlenie

Y

yacht jacht
yawn ziewać (ziewnąć)
year rok
every year co roku
this year w tym roku
yellow żółty
yes tak
yesterday wczoraj
yet jeszcze
not yet jeszcze nie
yog(h)urt jogurt
you (informal, singular/plural) ty; wy
(formal, masculine/feminine) pan; pani
young młody
your (informal, singular, masculine/feminine) twój; twoja
(formal, singular, masculine/feminine) pana; pani
youth młodość
youth hostel schronisko młodzieżowe

Z

zebra crossing przejście dla pieszych
zero zero
zip zamek błyskawiczny
zone strefa
zoo zoo
zucchini cukinia

Dictionary

A

abażur lampshade
aborcja abortion
adapter adaptor *(electricity)*
adres address
adres emailowy email address
aerozol aerosol
AIDS AIDS
akcent accent *(pronunciation)*
aksamit velvet
aktor/aktorka actor/actress
akumulator battery *(in car)*
akwarium tank *(fish)*
akwizytor/akwizytorka
  salesman/saleswoman
alarm antywłamaniowy burglar
  alarm
alarm pożarowy fire alarm
albo or
ale but
aleja avenue
alfabet alphabet
alkohol alcohol
alkoholik alcoholic
alkoholowy alcoholic *(drink)*
ambasada embassy
Ameryka America
Amerykanin American *(person, man)*
Amerykanka American *(woman)*
ananas pineapple
angielski English
Anglia England
Anglik/Angielka Englishman/woman
antena aerial; antenna
antybiotyki antibiotics
aparat cyfrowy digital camera
aparat fotograficzny camera
apaszka scarf
apteka chemist's; pharmacy
arbuz watermelon
architekt architect
architektura architecture
arcydzieło masterpiece

aresztować (zaaresztować) to arrest
artysta artist
aspiryna aspirin
astma asthma
atlantycki Atlantic
Atlantyk the Atlantic (Ocean)
atrakcyjny attractive
atrament ink
au pair au pair
aukcja auction
Australia Australia
Australijczyk Australian *(man)*
Australijka Australian *(woman)*
australijski Australian
autobus bus
autobusem by bus
autokar coach
automat vending machine
automat telefoniczny payphone
automatyczna sekretarka
  answerphone
automatyczny automatic *(car)*
autor author
autostrada motorway
awaria breakdown; out of order
aż do until

B

babcia grandmother
bać się to be afraid
badanie examination *(medical)*
badanie krwi blood test
badminton badminton
bagaż baggage; luggage
bagażnik boot *(of car)*
bagażnik dachowy roof rack
bagno marsh
bakłażan aubergine; eggplant
balet ballet
balkon balcony
balonik balloon
banan banana
bandaż bandage

bank bank
banknot note *(banknote)*
bankomat cash machine
bar bar
bar szybkiej obsługi snack bar
barbecue barbecue *(meal, party)*
bardzo very/very much
bark shoulder
basen pool, swimming pool
bateria battery *(for torch, radio etc)*
bawełna cotton
beczka barrel *(of wine, beer)*
bekon bacon
benzyna fuel; petrol
bez without
bezkofeinowy decaffeinated
bezołowiowy lead-free; unleaded
bezpieczeństwo safety
bezpiecznik fuse
bezpieczny safe
bezpłatnie free of charge
bezpośredni direct
bezprzewodowy wireless
bezrobotny unemployed
bezużyteczny useless
beżowy beige
Białoruś Belarus
białoruski Belorussian
biały white
biblioteka library
biedny poor
bieg gear *(of car, bicycle)*
bieg jałowy neutral *(car)*
biegać to jog
bielizna underwear
bikini bikini
bilet ticket
bilet w powrotną stronę return
  ticket
bilet w jedną stronę single *(ticket)*
biodro hip
biurko desk
biuro office
biuro podróży travel agent's
biuro rzeczy znalezionych lost
  property office
biznes business

biżuteria jewellery
bliski close *(near)*
blisko near
bliźniaczy twin
blok block *(of stone, wood, ice)*
blond blond(e)
bluza sportowa sweatshirt
bluzka blouse, top
błąd fault
bo/ponieważ because
boczek bacon
bogaty rich *(person)*
boisko pitch
bojler boiler
bokserki boxer shorts
boleć to hurt
bomba bomb
Boże Narodzenie Christmas
Bóg God
ból ache
ból głowy headache
ból krzyża backache
ból zęba toothache
brać (wziąć) pigułki
  antykoncepcyjne to be on the pill
brać (wziąć) prysznic to have a
  shower
bransoletka bracelet
brat brother
bratanek nephew *(brother's son)*
bratanica niece *(brother's daughter)*
brąz bronze
brązowy brown
brew eyebrow
broda chin; beard
brokuły broccoli
broszka brooch
broszura brochure
brudny dirty
bryła lump
Brytania Britain
Brytyjczyk British *(male)*
Brytyjka British *(woman)*
brytyjski British
brzeg shore
brzoskwinia peach
brzydki ugly

budka telefoniczna phone box
budynek building
budzić (obudzić) to wake up
budzik alarm clock
bufet buffet; cafeteria
bukiet bunch *(of flowers)*
bułka bread roll
burza thunderstorm
butelka bottle
butelka na mleko milk bottle
butelka wina a bottle of wine
buty boots; shoes
być to be
być na diecie to be on a diet
być odprężonym to be relaxed
być podobnym do czegoś to be
  similar to
*być seropozytywnym/
  seronegatywnym* to be HIV
  positive/negative
być uczulonym to be allergic
być w ciąży to be pregnant
być w podróży służbowej
  to be away on business
być winnym komuś coś to owe
  something to someone
byk bull
bzdura nonsense

C

cal inch
całkowity total
całkiem sporo quite a few
całkiem sporo pieniędzy quite
  a lot of money
cały whole
CD-ROM CD-ROM
na CD-ROMie on CD-ROM
cebula onion
cegła brick
cel purpose
celowo on purpose
cel podróży destination
cena price
cennik price list
cenny valuable
cent cent

centralne ogrzewanie central
  heating
centralny central
centrum handlowe shopping centre
centrum miasta city centre
centrum rekreacji leisure centre
centymetr centimetre; tape measure
chata cottage; hut *(house)*
chce mi się pić I'm thirsty
chciałabym I'd like... *(woman speaking)*
chciałbym I'd like... *(man speaking)*
chciałbym loda I'd like an ice cream
chcieć to want
chili chilli
chleb bread
chleb razowy wholemeal bread
chłodny cool
chłopak boyfriend
chłopiec boy
chmury clouds
chodnik pavement; rug
chodzić to walk; to follow
choinka Christmas tree
choroba disease; illness
choroba lokomocyjna car sickness;
  travel sickness
chory ill
chować (schować) się przed kimś
  to hide from sb
chrapać to snore
chrupki crisps
chrzest christening
chusteczka handkerchief; tissue
chwila instant; moment; while
w ostatniej chwili at the last
  moment
chwilowy temporary
ci these
ciągnąć to pull
ciało body
ciasto pastry *(dough)*
ciastko cookie *(cake)*; cake *(small)*
ciąża pregnancy
cichy; spokojny quiet
cielęcina veal
ciemno dark
cień shade

cienki thin (material)
ciepły warm
jest ciepło it's warm
cierń thorn
cierpieć na ból głowy to have a headache
ciężarówka lorry; truck
cIężki heavy
ciotka aunt
ciśnienie krwi blood pressure
ciśnienie w oponach tyre pressure
cło custom duty
cmentarz cemetery
co what
co to znaczy? what does it mean?
Coca Cola® Coke®
codzienny daily
córka daughter
coś something
cudowny wonderful
cudzoziemiec foreigner
cukier sugar
cukiernia sweet shop
cukinia courgette; zucchini
cukrzyca diabetes
cygaro cigar
cyrk circus
cytryna lemon
czajnik kettle
czapka cap; hat
czarny black
czas time
czasami sometimes
czasopismo magazine
Czechy Czech Republic
czek cheque
czekać (na) to wait (for)
czeki podróżne traveller's cheques
czekolada chocolate
czekolada mleczna milk chocolate
czereśnia cherry
czerstwy stale
czerwiec June
czerwony red
cześć hello
cześć! hi! (informal)
część zamienna spare part

często often
częsty frequent
członek member (of a group)
czoło forehead
czosnek garlic
czuć się (dobrze/niedobrze) to feel (well/unwell)
źle się czuję I don't feel well
czujnik dymu smoke alarm
czwartek Thursday
czwarty fourth
czy coś jeszcze? anything else?
czy jest...? is there...?
czy są...? are there...?
czy to jest...? is it...?
czy mogę/czy możemy...? can I/ can we...?
czy może pan/pani...? can you...?
czyj whose
czynsz rent
czysty blank; clean
czyścić (wyczyścić) coś to give sth a clean
czytać (przeczytać) to read
czytać z ruchu warg to lip read

Ć

ćwiczenie exercise
ćwierć quarter

D

dach roof
dachówka; kafelek tile
daleko far; a long way
jak daleko? how far?
damska (toaleta) Ladies (toilet)
dane kontaktowe contact details
danie dish; course (of meal)
danie główne main course
data date
data ważności expiry date; sell-by date
dawać (dać) to give
delikatesy delicatessen
demonstracja demonstration
dentysta dentist
deser dessert; pudding

deska do prasowania ironing board
deskorolka skateboard
deszcz rain
pada (deszcz) it's raining
dezodorant deodorant
diament diamond
dla for
dla niepalących for non-smokers
dla palących for smokers
dlaczego? why?
dlaczego nie? why not?
dłoń palm *(hand)*
dług debt
długi long
długopis ballpoint pen; Biro
długość length
dno bottom *(of container, sea)*
do to; into
do Francji/Londynu/szkoły
  to France/London/school
do jutra! till tomorrow!
do widzenia! bye! goodbye!
do zobaczenia! see you!

dobry good
dzień dobry! good morning!
dobranoc! good night!
dobrze fine *(OK)*; right *(correct)*
dobrze wysmażony well done *(steak)*
dodatkowo extra *(in addition)*
dodatkowy extra *(thing, person, amount)*
dojechać to get to *(by transport)*
dojść to get to *(on foot)*
dojście access *(to building, room)*
dokument document
dolar dollar
dolina valley
dom house; home
w domu at home
dom towarowy department store
dom wiejski farmhouse
doroczny annual
dorosły adult
doskonały excellent; perfect
dostać to get
dostarczać (dostarczyć) to supply
dostawa delivery
dosyć enough

dość quite
dotyk touch
dowód osobisty identity card
dozwolone allowed
dół; na dole down
drabina ladder
dres tracksuit
drewniana chata chalet
drewniany wooden
drewno wood *(material)*
drobne change *(money)*
drobny minor; minute
droga path; road; way *(route)*
drogą lotniczą by air
drogi expensive; dear
drugi second
drukarka printer
drukować (wydrukować) to print
drut wire
drzazga splinter
drzewo tree
drzwi door
drzwi frontowe front door
duch spirit
durszlak colander
dużo many; much; a lot of
duży big; large
DVD DVD
dwa razy twice
dwa tygodnie fortnight
dworzec station
dworzec autobusowy bus station
dworzec kolejowy railway station
dwuosobowy double *(for two)*
dyrygent conductor *(of orchestra)*
dysk disk *(hard)*
dyskietka disk *(floppy)*
dyskoteka disco
dywan carpet *(rug)*
dzbanek jug
dziadek grandfather
dziadkowie grandparents
działać (zadziałać) to work *(function);*
  to be in working order
dzieci children
dziecko baby; kid *(child)*
dzielić to share

dzielny brave
dzień day
w ciągu dnia by day
przez cały dzień all day (long)
dzień dobry good morning, good afternoon
dzień i noc day and night
dzień wolny od pracy public holiday
dziennikarz journalist
dziewczyna girl; girlfriend
dziękuję thank you
dziki wild
dzisiaj today
dziś wieczorem tonight
dziura tear (rip, hole)
dziwny odd (strange); funny (strange)
dzwon bell (of church)
dzwonek do drzwi doorbell
dzwonić (zadzwonić) to telephone; to ring (bell, doorbell)
dźwignia zmiany biegów gear stick; gear lever
dżem jam (preserve)
dżins jeans
dżungla jungle

E

ekologiczny ecological
ekran screen
ekscytujący exciting
eksportować (wyeksportować) to export
ekspres express (train, coach)
ekspresowo express (send)
elektroniczny electronic
elektryczność electricity
elektryczny electric
email email
emeryt pensioner; retired
energia power (electricity)
es-em-es text message (SMS)
euro euro
Europa Europe
europejski European

F

fabryka factory

fajka pipe (for smoking)
faks fax
faksować (przefaksować) to fax (document)
fakt fact
fale waves (sea)
fartuch apron
fasola bean
fasolka French bean
faul foul (sport)
festiwal festival
filiżanka cup
film film (TV)
filmować (sfilmować) to film (photography)
fioletowy purple
firma company; firm
flaga flag
flamaster felt-tip pen
folia cling-film
folia aluminiowa foil
fontanna fountain
formularz form (document)
fortepian piano
fotel armchair
Francja France
francuski French
frytki French fries; chips; potato chips
fryzjer hairdresser
fryzjer męski barber's
funkcjonariusz kontrolujący traffic warden
funt szterling sterling
funt pound (money; weight)
furgonetka van
futro fur

G

galaretka jelly (dessert)
galeria gallery
galeria sztuki art gallery
gałąź branch (of tree)
gardło throat
garnek pan; pot (cooking)
garnitur suit (man's)
gaz gas
gazeta newspaper

gazowany fizzy
gąbka sponge
gdzie where
gdzie jest/gdzie są...? where is/ where are...?
gdzieś anywhere *(in questions)*
gej gay *(person)*
gęś goose
gigabajt gigabyte
gigaherc gigahertz
gitara guitar
gładki smooth
głęboki deep
głodny hungry
głos voice
głosować (zagłosować) to vote
głośnik loudspeaker
głośny loud
głowa head
główny main
głuchy deaf
głupi stupid
gniazdko electric point; plug; socket
godzina hour; o'clock
godzina szczytu rush hour
godziny zwiedzania visiting hours
gogle goggles
golarka shaver
golf golf
golić się (ogolić się) to shave
gorący hot
gorączka fever
gorszy worse
gorzki bitter
gospodarstwo farm
gospodyni domowa housewife
gość guest
gotować to cook
gotować (zagotować) to boil
gotowane bez skorupek poached
gotowany boiled
gotowy ready
gotówka cash
góra mountain; top *(surface)*
górny upper
gra komputerowa computer game
gra wideo video game

grabie rake
grać na... to play... *(instrument)*
grad hail
granatowy navy-blue
granica border *(of country)*
gratulacje congratulations
grejpfrut grapefruit
gruby fat; thick
grudzień December
grupa band; group; team
gruszka pear
grypa flu
gryźć (pogryźć) to bite *(dog etc)*
grzebień comb
grzejnik heater
grzmot thunder
grzyby mushrooms
gubić (zgubić) to lose
guma rubber
guma do żucia chewing gum
gumka elastic band
guz lump *(on body)*
guzik button *(on clothes)*
gwałcić (zgwałcić) to rape
gwałt rape
gwóźdź nail *(for hammering)*

H

hak hook
hala odlotów departure lounge
hałas noise
hałaśliwy noisy
hamburger burger; hamburger
hamulce brakes
hamulec ręczny hand brake
harmonogram schedule
hasło password
helikopter helicopter
herbata tea
herbatniki biscuits
historia history
Hiszpania Spain
hobby hobby
hojny generous
hokej ice hockey
holować (odholować) tow
homoseksualny homosexual

hotel hotel
huśtawka swing *(playground)*
hydraulik plumber

I

i and
ich them
im them *(indirect)*
igła needle
ile? how much?
ilość amount; quantity
imbryczek do herbaty teapot
imię Christian name; first name
mam na imię Peter my name is Peter
imigracja immigration
Importować (zaimportować)
  to import
impreza party
infekcja infection
informacja information
inny another one; other
inquiry enquiry
instrukcja obsługi instructions for use
instruktor instructor
insulina insulin
interesujący interesting
internet internet; the Net; web
iPod® iPod®
Irlandia Ireland
Irlandia Północna Northern Ireland
irlandzki Irish
irytować to annoy
iść (pójść) to go *(on foot)*
jechać (pojechać) to go *(by transport)*
iść na spacer to go for a walk

J

ja I
jabłka apples
jacht yacht
jadalnia dining room
jadłospis menu
jagnię lamb
jajko egg
jak how
jak się pan/pani miewa?
  how are you?

jak często? how often?
jak leci? how are things? *(informal)*
jak tylko as soon as
jakość quality
jarzyny/warzywa vegetables
jaskinia cave
jasny bright; pale
jazda konna horse riding; pony trekking
jazda na rowerze cycling
jazda na rowerze po górach
  mountain biking
jechać (pojechać) to ride *(bicycle, horse)*
jechać (pojechać) okrężną drogą
  to make a detour
jednokierunkowy one-way
jednoosobowy single *(room)*
jednorazowy disposable
jedwab silk
jedyny only
jedzenie food
jedzenie dla dzieci baby food
jedzenie na wynos takeaway *(food)*
jego him; his
jeleń deer
jesień autumn, fall
jest mi niedobrze I'm feeling sick
jest słoneczna pogoda it is sunny
jest.../są... there is/there are
jeszcze yet
jeszcze nie not yet
jeszcze trochę some more
jeść to eat
jezioro lake
jeździć (pojechać) autostopem
  to hitchhike
jeździć na nartach to ski
jeździć na rowerze to ride a bicycle
jeżeli if
jeżeli nie unless
język language; tongue
język walijski Welsh language
jogurt yog(h)urt
jutro tomorrow
jutro rano tomorrow morning
już already

K

kabaczek squash *(vegetable)*
kabel cable; lead *(electric)*
kabina cabin
kablówka cable television
kac hangover
kajak canoe
kajakarstwo canoeing
kakao cocoa
kalafior cauliflower
kalendarz calendar
kalkulator calculator
kaloryfer radiator
kalosz rubber boot; wellington boot
kamera wideo camcorder; video camera
kamień stone
kamizelka waistcoat
kamizelka ratunkowa life jacket
Kanada Canada
Kanadyjczyk Canadian *(man)*
Kanadyjka Canadian *(woman)*
kanadyjski Canadian
kanał canal
kanapka sandwich
kanapka z serem/szynką/ dżemem a cheese/ham/jam sandwich
kantor bureau de change
kaplica chapel
kaptur hood
kara fine *(penalty)*
karczma country inn
karmić (nakarmić) to feed
karta menu
karta bankowa bank card *(for cash machine)*
karta kredytowa credit card
karta pokładowa boarding card
karta SIM SIM card
karta telefoniczna phonecard
kartka card *(record, index, postcard)*
kartka z życzeniami card *(greetings)*
karton cardboard
kasa cash desk; till
kasa biletowa ticket office
kaseta cassette

kasjer cashier
kask helmet
kasyno casino
kaszel cough
katalog catalogue
katalizator spalin catalytic converter
katar sienny hay fever
katastrofa disaster
katedra cathedral
katolicki Catholic
kawa coffee
czarna kawa black coffee
filiżanka kawy cup of coffee
kawa cappuccino cappuccino
kawa z mlekiem white coffee
kawałek a piece *(of something)*
kawiarenka internetowa internet café
kawiarnia café; coffee shop
każdy each; every
kąpiel bath *(to take a)*
kąpielówki swimming trunks
kąt corner
kciuk thumb
kelner waiter
kelnerka waitress
kemping campsite
kichać (kichnąć) to sneeze
kiedy when
kieliszek wine glass
kiełbasa sausage
kierowca driver
kierownica steering wheel
kierownica roweru handlebars
kierownik manager
kierunek direction
kieszeń pocket
kij stick; bat *(for cricket, baseball)*
kijki do wędrówki pieszej trekking poles
kilka few; several
kilka... a few of...
kilku a few
kilo kilo
kilometr kilometre
kino cinema
kiosk kiosk; newsagent

kiść bunch *(of bananas, grapes)*
kiwi kiwi fruit
klamerka peg *(clothes)*
klamka handle *(of door, window)*
klamra buckle
klarowny clear *(explanation, account)*
klasa class
klasztor monastery
klatka piersiowa chest *(part of body)*
klej glue
klient client; customer
klif cliff
klimatyzacja air conditioning
czy jest klimatyzacja? is there
  air conditioning?
klub club
klub nocny nightclub
klucz key
klucz do nakrętek spanner
kłamać (skłamać) to tell lies
kłaść (położyć) to put
kłoda log
kłopot trouble
kłódka padlock
kłótnia quarrel
kobieta female; woman
koc blanket
kod pocztowy postcode
koja berth *(on boat)*
koktajl mleczny milkshake
kolacja supper
kolano knee
kolczyk earring
kolega colleague; mate; friend
kolej railway
kolejka queue
kolor colour
kołdra duvet
kołnierz collar
koło circle; wheel
komar mosquito; midge
kombinezon wet suit
komedia comedy
komin chimney
komisariat policji police station
kompas compass
komputer computer

koncert concert
konduktor conductor *(on train)*
konferencja conference
koniec end; finish
koniec tygodnia weekend
konieczny necessary
konto account *(with bank, at shop)*
konto bankowe bank account
kontrola bagażu baggage check
kontynuować to continue
koń horse
kopać (kopnąć) to kick
koperta envelope
kopia copy *(duplicate)*
kora bark *(of tree)*
korek cork; traffic jam
korespondencyjny przyjaciel
  penfriend
korkociąg corkscrew; screwdriver
korona crown
koronka lace *(fabric)*
kort tenisowy tennis court
korytarz corridor
korzeń root
(pod)koszulka vest
kosmetyki make-up; cosmetics
kostium costume *(of actor, artist)*;
  fancy dress; suit *(woman's)*
kostium kąpielowy swimsuit
kostka ankle; dice
kostka lodu ice cube
kosz basket
kosz na śmieci bin
koszerny kosher
kosztować to cost
ile to kosztuje? how much does
  it cost?
koszula shirt
koszula nocna nightie
koszykówka basketball
kość bone
kościół church
kot cat
kotlet chop
koza goat
kradzież theft
kraj country *(nation)*

krajobraz landscape; scenery
kran tap
kraść (ukraść) to steal
krawat tie
krawiec tailor
kredyt credit
krem cream *(for skin)*
krem do golenia shaving cream
krem nawilżający moisturizer
krem z filtrem przeciwsłonecznym sun cream
krew blood
krewny relation *(relative)*
kręcić się w głowie to feel dizzy
kroić (pokroić) to cut
krok step
krople do oczu eye drops
krowa cow
król king
królewski royal
królik rabbit
królowa queen
krótki short

krótkowzroczny short-sighted
krwawić to bleed
krwawienie z nosa nosebleed
kryształ crystal
krzesło chair
krzyk shout
krzywda harm *(damage)*
krzyż cross *(crucifix)*
krzyżówka crossword
ksiądz priest
książeczka czekowa cheque book
książka book
książka telefoniczna directory; telephone book
księgarnia bookshop
księżyc moon
kto who
ktoś someone; anybody
który which
kubek mug
kuchenka cooker
kuchnia kitchen
kucyk pony
kula inwalidzka crutch

kupon voucher
kupować (kupić) to buy
kurczak chicken
kurczyć (skurczyć) się to shrink
kurier courier
kurs course *(educational)*
kursować to run *(means of transport)*
kurs wymiany exchange rate
kuszetka berth *(on train)*
kuzyn cousin
kwarantanna quarantine
kwas acid
kwaśne mleko sour milk
kwaśny sour
kwiaciarnia florist's
kwiat flower
kwiecień April
kwit; pokwitowanie receipt
kwit; paragon till receipt

L

laboratorium językowe language laboratory
lakier do paznokci nail polish
lakier do włosów hairspray
lalka doll
lampa lamp
laptop laptop
las forest; wood *(trees)*
laska walking stick
latać to fly *(plane)*
latarka torch
latarnia lamp-post
latarnia morska lighthouse
latawiec kite
lato summer
lawina avalanche
lądowa overland *(post)*
lekarstwo drug *(prescribed)*
lekarz doctor
lekarz specjalista specialist
lekcja lesson
leki medication
lemoniada lemonade
lepiej; lepszy better
lewarek jack *(for car)*
leworęczny left-handed

lewy left *(to turn)*
leżak deck chair
liczba number
licznik meter *(for gas, water, electricity)*
limonka lime
lina rope
linia line *(telephone)*
linia lotnicza airline
linijka ruler
lipiec July
lis fox
list letter
lista list
lista obecności register *(in school)*
listonosz/listonoszka
  postman/postwoman
liść leaf
litr litre
lizak lollipop
lodowisko ice rink; skating rink
lodówka refrigerator
lody ice cream
Londyn London
londyńczyk Londoner
lornetka binoculars
lot flight
lot czarterowy charter flight
loteria lottery
lotnicza airmail *(post)*
lotnisko airport
lód ice
lubić to enjoy; to like
ludzie people
luksus luxury
lustro mirror
luty February
luz neutral *(car)*
na luzie in neutral
luźny loose

Ł

ładnie pachnieć to smell *(nice)*
ładny nice-looking; pretty
ładować (naładować) to charge
  (battery)
**ładowarka do telefonu
  komórkowego** mobile phone charger
łamać (złamać) to break
łańcuch chain
łatwy easy
łazienka bathroom
łącze stałe broadband
łokieć elbow
łopata spade
łódka boat *(small vessel)*
łódź boat *(ship)*
łódź ratunkowa lifeboat
łódź wiosłowa rowboat
łóżeczko cot
łóżko bed
łysy bald
łyżeczka teaspoon
łyżka spoon
łyżka stołowa tablespoon
łyżwa skate *(ice)*
łyżwiarstwo ice-skating
łyżworolki rollerblades
łza tear *(crying)*

M

macocha stepmother
magazyn warehouse
magnes magnet
magnetofon tape recorder
magnetowid video recorder
maj May
majonez mayonnaise
majsterkowanie DIY
majtki knickers; pants
makaron pasta
malina raspberry
mało prawdopodobny unlikely
mały little; small
mandarynka tangerine
**mandat za nieprawidłowe
  parkowanie** parking ticket
mango mango
mapa map
mapa samochodowa road map
marchewka carrot
margaryna margarine
marionetka puppet
marka brand
marmolada marmalade

marmur marble
marzec March
masaż massage
masło butter
maszyna machine
maszynka do golenia razor
maść ointment
materac mattress
materac do spania (np. karimata) sleeping mat (e.g. Karrimat)
materiał material
matka mother
mądry clever
mąka flour
mąż husband
mdłości nausea
meble furniture
mechanik mechanic
mecz game; match (sport)
meczet mosque
meduza jellyfish
medyczny medical (treatment, care)
megabajt megabyte
megaherc megahertz
melon melon
menu menu
metal metal
metka label
metr metre
metro subway
metryka urodzenia birth certificate
mężatka married woman
mężczyzna man
mgła fog; mist
mglisty foggy
miasto town; city
mieć to have
mieć ból zęba to have toothache
mieć kłopoty to be in trouble
mieć nadzieję hope
mam nadzieję/mam nadzieję, że nie I hope so/not
mieć nudności to feel sick
mieć znaczenie matter (be important)
miedź copper
miejsce place; seat; site; space
miejscowość wypoczynkowa resort

miejscówka reserved seat on train
mierzyć (zmierzyć) to measure; to try on
miesiąc month
co miesiąc every month
miesiąc miodowy honeymoon
miesięczny monthly
mieszać (zmieszać) to mix
mieszkać; żyć to live
mieszkanie flat (apartment)
mieszkaniec resident
między between
międzynarodowy international
miękki soft
mięso meat
mięso mielone mince (meat)
mięśnie muscles
mięta mint (plant)
miętówka mint (sweet)
migrena migraine
mijać (minąć) to pass (place, person)
mikrobus minibus; people carrier
mikrofalówka microwave oven
mikrofon microphone
mikser blender; mixer (food)
mila mile
milimetr millimetre
miłość love
miły nice
minidisc® Minidisc®
minimalny minimum
minister minister
miotła broom; brush (for cleaning, for decorating)
miód honey
miska bowl
mleko milk
młodość youth
młody young
młotek hammer
mniej less
mniej niż połowa less than half
mniej więcej about (approximately)
mniejszy smaller
mocz urine
modem modem
modlić (pomodlić) się to pray

modny fashionable
modyfikowany genetycznie GM
moja my *f*
moje my *n*
mokry wet
molo pier
moneta coin
morele apricots
morze sea
mosiądz brass
most bridge
motocykl motorbike
motor bike *(motorcycle)*
motyl butterfly
może perhaps
możliwie jak najszybciej as soon as possible
możliwy possible
mój my *(possessive) m*
mówca speaker
mówić (powiedzieć) to say; to speak; to tell
mówi po angielsku he speaks English
mózg brain
mrożony frozen
mróz frost
msza mass
mucha fly *(insect)*
musieć must; to have to
muszka bow tie; midge
muszla shell *(beach)*
musztarda mustard
muzeum museum
muzyczny musical
muzyka music
my we
myć się (umyć się) to wash *(oneself)*
mydło soap
myjka (do twarzy) washcloth; face cloth
myjnia samochodowa car wash
myśleć (pomyśleć) to think
mysz mouse

N

na on; per; up

na dole downstairs
na dzień per day
na godzinę per hour
na górze upstairs
na osobę per person
na prawo/na lewo on the right/ on the left
na przykład for example
na rok per annum
na sprzedaż for sale
na świeżym powietrzu outdoors
na zdrowie! cheers!
na zewnątrz outside
nabrzeże quay
nacisk pressure
naczynia kuchenne crockery
nad above; over *(on top of)*
nadgarstek wrist
nadmierna dawka overdose
nadwyżka bagażu excess baggage
nagle suddenly
nagły wypadek emergency
nagroda prize
najlepszy best
nakrętka cap *(of bottle)*
naleśniki pancakes
należeć (do) to belong (to)
namiot tent
napad mugging
napadać (napaść) to attack *(assault)*
napełniać (napełnić) ponownie to refill
napięcie voltage
napisy subtitles
napiwek tip
napoje chłodzące soft drinks
napój drink
naprawa repair
naprawiać (naprawić) to mend
naprawić; zreperować to repair
naprzeciwko opposite
narkotyk drug *(chemical; narcotic)*
narodowość nationality
narodowy national
narty skis
narty biegowe cross country skiing
narty wodne waterskis

narzeczony/a fiancé/fiancée
narzuta quilt
nas us
następny next
następnego dnia the next day
następnego poranka the next morning
nastolatek teenager
nasz our
naszyjnik necklace
natura nature
naturalny natural
natychmiast immediately; straight away
nauczyciel teacher
nawet even
nazwisko name *(surname)*
nazywać się to be called *(my name is...)*
negatywny negative
nektarynka nectarine
nerka kidney
nic anything; nothing
nic innego nothing else
nich them
nić thread
nie no; not
jeszcze nie not yet
nie, dziękuję no thanks
nie ma mowy! no way!
raczej nie not really
nie działa/nieczynne out of order
nie ma opłat there's no charge
nie spać to be awake
nie zdążać (zdążyć) to miss *(train, bus, plane)*
nie zgadzać (zgodzić) się (z kimś) to disagree (with sb)
niebezpieczeństwo danger
niebezpieczny dangerous
niebieski blue
niebo sky
niedobór shortage
niedobrze unwell
niedziela Sunday
niegrzeczny rude
Niemcy Germany
Niemiec German *(man)*

niemiecki German
Niemka German *(woman)*
nieobecny absent; away *(not present)*
niepalący non-smoking
nieparzysty odd *(number)*
niepełnosprawny disabled; handicapped
niepokój alarm *(anxiety)*
nieporozumienie misunderstanding
nieprzemakalny waterproof
nieprzyjemny unpleasant
nieprzytomny unconscious
nieruchomy stationary; still
nieść (zanieść) to carry
niespodzianka surprise
niespokojny worried
nie martw się don't worry
niestety unfortunately
niestrawność indigestion
nietoperz bat *(animal)*
niewidomy blind *(sightless)*
niewinny innocent
niewłaściwy wrong
niewygodny inconvenient
niewykonalny impossible
niezadowolony unhappy
niezbędny essential
nigdy never
nigdzie nowhere
nigdzie go nie widzę I can't see him anywhere
nikt nobody
niski low
niż than
noc night
noga leg
normalny normal
nos nose
nosić wear
notatka note *(message)*
notes notepad
Nowa Zelandia New Zealand
nowy new
nowy rok New Year
nożyczki scissors
nóż knife
nudny boring

nuklearny nuclear
numer kierunkowy area code
numer PIN PIN number
numer telefonu phone number
nurkować to dive
nurkowanie z rurką snorkelling

O

o; około about
około sto/tysiąc osób about
a hundred/thousand people
obaj both
obcas heel *(of shoe)*
obcy foreign
obecny current
obgryzać paznokcie to bite one's
nails
obiad dinner; lunch
obiecywać (obiecać) coś komuś
to promise
obiektyw lens *(of telescope, camera)*
obietnica promise
objazd diversion
obniżka discount
obojczyk collarbone
obojętnie który either *(one or other)*
obok beside
obolały sore
obowiązkowy compulsory
obozować to camp
obóz koncentracyjny concentration
camp
obraz picture *(painting, drawing)*
obrus tablecloth
obsługa service
obwodnica bypass
obyczaj custom *(tradition)*
obywatelstwo nationality *(citizenship)*
ocean ocean
ocet vinegar
ochrona security
oczywiście! of course!; certainly
odbiór bagażu baggage claim;
collection *(of luggage)*
oddychać to breathe
oddział ward *(hospital)*; branch *(of shop,
bank etc)*

oddział pomocy doraźnej A & E;
accident and emergency
odjazd/odlot departure *(train/plane)*
odjeżdżać/odlatywać to depart
(train/plane)
odkładać (odłożyć) to postpone
odkręcać (odkręcić) to unscrew
odkrywać (odkryć) to discover
odkurzacz vacuum cleaner
odległość distance
odległy distant
**odmawiać (odmówić) zrobienia
czegoś** to refuse
odpływ low tide
odpływać to sail from
odpoczywać (odpocząć) to rest
(relax)
odpowiadać (odpowiedzieć) to
answer
odpowiedź answer
odprawa check-in
odra measles
odtwarzacz DVD DVD player
odtwarzacz MP3 MP3 player
odtwarzacz płyt kompaktowych
CD player
odwiedzać (odwiedzić) to visit
(people)
odwołać to cancel
odwołany off *(cancelled)*
odwoływać się do to refer
odzież; ubranie clothes
odżywianie diet
odżywka conditioner
oficjalny formal
ogień fire
oglądać (obejrzeć) to watch *(tv)*
ogłaszać (ogłosić) to announce
ogłoszenie notice *(sign)*
ognisko bonfire
ogórek cucumber
ograniczenie restriction
ograniczenie prędkości speed limit
ogród garden
ogrzewanie heating
ojciec father
ojczym stepfather

okazje bargains
okienko counter *(at post office)*
okno window
oko eye
okolica area; surroundings
okraść kogoś to steal from someone
okrągły round *(circular)*
okres period *(menstrual)*; spell
okropny awful
okulary glasses *(optical)*
okulary przeciwsłoneczne sunglasses
olej oil
olej napędowy diesel
oliwa z oliwek olive oil
oliwka olive
ołów lead *(metal)*
ołówek pencil
on he
ona she
oni; one they
opactwo abbey
opalać (opalić) się to sunbathe
opanowany calm
opary fumes
oparzenie słoneczne sunburn
opera opera
operacja operation; surgery *(treatment)*
opiekować (zaopiekować) się to
 look after
opiekun/opiekunka do dziecka
 babysitter
opis description
opisywać (opisać) to describe
opłata charge *(fee)*; payment
opłata dodatkowa supplement
opłata za wstęp admission charge
opona tyre
opowieść story
opóźnienie delay
oprócz apart from
oprogramowanie software
optyk optician
organizować (zorganizować)
 to organize
orkiestra orchestra
orzech nut *(to eat)*
osa wasp

osłona shelter *(protection)*
osoba person
osoba przyjezdna visitor
osobisty personal
osobno separately
ospa wietrzna chickenpox
ostatni last
ostatni raz the last time
wczorajsza noc last night
zeszły tydzień last week
ostrożny careful
uważaj! (be) careful!
ostry sharp; hot *(spicy)*
ostry dyżur casualty *(in hospital)*
oszczędzać (oszczędzić) to save
 (money, time)
oświadczenie announcement
Oświęcim Auschwitz
otwarte open
otwierać (otworzyć) to unlock *(door)*;
 to open
otwieracz do butelek bottle opener
otwieracz do puszek can/tin opener
owca sheep
owies oats
owoce fruit
owoce morza seafood
ozdoba ornament
oznajmiać (oznajmić) to declare

P

pacjent patient
paczka package; packet; parcel
pajęczyna spider
pakować (spakować) to pack
palec finger
palec u nogi toe
palić to smoke
palić (spalić) to burn *(papers etc)*
palma palm *(tree)*
palmtop PDA *(personal digital assistant)*
pałac palace
pamiątki souvenirs
pamięć memory
pamiętać to remember
pamiętała, żeby to zrobić she
 remembered to do it

pan Mr; sir
pan młody bridegroom
pan; pani you *(formal, masculine/ feminine)*
pani lady; Mrs; Ms
panna Miss
panna młoda bride
papier paper
papier do pakowania wrapping paper
papier do pisania writing paper
papierosy cigarettes
papryka pepper *(vegetable)*
para steam; couple *(two)*
parasolka umbrella
park park
park narodowy national park
parking car park
parkomat parking meter
parkować (zaparkować) to park
parter ground floor; stall
partia party *(political)*
pas bezpieczeństwa seat belt
pas ratunkowy lifebelt
pasażer passenger
pasek belt
pasierbica stepdaughter
pasta polish *(for shoes)*
pasta do butów shoe polish
pasta do zębów toothpaste
paszport passport
paszterik pie
patelnia frying pan
paznokieć nail *(of finger, toe)*
październik October
pączek doughnut
pchać (pchnąć) to push
pchła flea
pchnięcie push
pedał pedal
pedał gazu accelerator
pedikiuraysta chiropodist
pełny full
pełne wyżywienie full board
penicylina penicillin
penis penis
pensja salary

pensjonat guesthouse
perfumy perfume
perła pearl
peron platform
peruka wig
pewny certain
pęcherz bladder; blister
pękać (pęknąć) to burst *(pipe, tyre)*
pęseta tweezers
pianka do nurkowania wet suit
piasek sand
piątek Friday
pić to drink
piec (upiec) to roast, to bake
pieczywo bakery products
piekarnia bakery
piekarnik oven
pielęgniarka nurse
pieluszka diaper
pieluszki nappies
pień trunk
pieniądze money
pieprz pepper *(spice)*
piechotą on foot
pieprzyk mole *(on skin)*
pierogi dumplings
pierś breast
pierścionek ring
pierwsza pomoc first aid
pierwsze piętro first floor
pierwszorzędny first-class
pierwszy first
pies dog
pieszy pedestrian
piękny beautiful
pięta heel *(foot)*
piętro floor, storey *(level)*
pigułka pill
pijany drunk
pikantny spicy; hot
piknik picnic
pilnik do paznokci nail file
pilny urgent
pilot pilot; remote control
piłka ball
piłka nożna football
piłkarz footballer

piłować (opiłować) to file (wood, metal, fingernails)
ping-pong table tennis
piorun lightning
pióro pen
pisać (napisać) to write
pisarz writer
pistolet gun
piwnica basement; cellar
piwo beer
piwo pełne jasne lager
pizza pizza
piżama pyjamas
plac square (town)
plac zabaw playground
placek cake (large)
plakat poster
plama stain; mark
planowy (przyjazd) due (to arrive)
plaster plaster (sticking)
plasterek slice
plastik plastic
plaża beach
plecak backpack; rucksack
plecy back (part of body)
plik file (computer)
plomba filling (tooth)
płacić (zapłacić) to pay
płakać to cry (weep)
płaski flat (ground, surface)
płaszcz coat
płaszcz przeciwdeszczowy raincoat
płatki kukurydziane cornflakes
płatki śniadaniowe cereal (breakfast)
płci męskiej male
płeć sex (gender)
płetwa flipper
płomień flame
płótno linen
płuco lung
płyn do kąpieli bubble bath
płyn do mycia naczyń dishwashing liquid
płyn do zmywania washing up liquid
płyn po goleniu after-shave (lotion)
płyn sprzęgłowy clutch fluid

płyta record (sound)
płyta kompaktowa CD
płytki shallow
pływać to swim
pływalnia swimming pool
po after
po południu afternoon; p.m.
dzisiaj po południu this afternoon
po południu in the afternoon
jutro po południu tomorrow afternoon
pobyt stay
pocałunek kiss
pochmurny cloudy
pochwa vagina
pociąg train
początkujący beginner
poczekalnia waiting room
poczta mail; by mail; post office
poczta głosowa voice mail
pod under; below
pod wodą underwater
podanie application form
podatek tax
podawać (podać) to serve; to pass
podczas during
podeszwa sole
podgrzewać (podgrzać) to heat up
podkreślać (podkreślić) to stress
podłoga ground; floor (of room)
podpaska sanitary towel
podpis signature
podręcznik manual; textbook
podróż journey
podróżować to travel
podróżowanie z plecakiem backpacking
poduszka cushion; pillow
podwójny double
podziemie underground
pogoda weather
jaka jest pogoda? what's the weather like?
pogotowie A & E; accident and emergency
pogotowie ratunkowe ambulance
pogrzeb funeral

pojazd vehicle
pojutrze the day after tomorrow
pokaz sztucznych ogni fireworks
pokazywać (pokazać) to show
pokój peace, room
pokój czatowy chat room
pokój dwuosobowy z dwoma łóżkami twin room
pokój dzienny living room
pokój jednoosobowy/dwu‒osobowy single/double room
pokojówka maid
pokrojony chleb sliced bread
Polak Polish *(man)*
Polka Polish *(woman)*
pole field
pole golfowe golf course
polecać (polecić) to recommend
polewa sauce *(sweet)*
policja police
policjant/policjantka policeman/policewoman
policzek cheek *(part of body)*
polować (zapolować) na to hunt
polowanie hunting
polski Polish
połączenie connection
położyć się to lie down
południe midday; noon; south
połykać (połknąć) to swallow
pomarańcza orange *(fruit)*
pomarszczony wrinkled
pomidory tomatoes
pomnik monument
pomoc help
pompa pump
pompować (napompować) to pump *(inflate)*
pomyłka error; mistake
pomysł idea
ponad over
poniedziałek Monday
pończocha stocking
popielniczka ashtray
poprawiać (poprawić) to improve
por leek
pora time *(clock)*

pora lunchu lunchtime
pora roku season *(of year)*
porażenie shock *(electric)*
porcelanowy china *(cup, plate)*
porcja portion
porozumienie (w sprawie czegoś) agreement
poród, narodziny birth
port port *(harbour)*
portfel wallet
portier porter *(doorkeeper)*
portmonetka purse
Portugalia Portugal
portugalski Portuguese *(language)*
porzeczka currant
porzucać (porzucić) to abandon *(person, family)*
posąg statue
posiłek meal
posłuchać to listen to
postój taksówek taxi rank
poszukiwania search
pościel bedding; bed linen
poślubiać (poślubić) to marry
pośrednik w handlu nieru‒chomościami estate agent
pot sweat
potem afterwards
potrzebować to require; to need
potwierdzać (potwierdzić) to confirm
poważny serious
powieść novel
powietrze air
powódź flood
powoli slowly
powrotny return *(journey)*
powtarzać (powtórzyć) to repeat
poza except
pozmywać to wash up
pozwalać (pozwolić) na to allow *(permit)*
nie wolno palić smoking is not allowed
pozycja item *(on bill)*
pożyczać (pożyczyć) coś komuś to lend

pożyczać (pożyczyć) od kogoś to borrow

pożyteczny useful

później later

późny late

pół half

pół ceny half price

pół funta half a pound

pół godziny half-hour

półka shelf

północ midnight; north

prać (wyprać) to wash *(clothes)*

praca job; work

prace domowe housework

pracować work *(job)*

pracujący na własny rachunek self-employed

praktyczny convenient

pralka washing machine

pralnia launderette

pralnia chemiczna dry-cleaner's

prawda truth

prawdopodobnie probably

prawdziwy genuine; real; true

prawidłowość parkowania traffic warden

prawie almost

prawnik lawyer

prawny legal

prawo; na prawo law; right *(direction)*

prawo jazdy driving licence

prezent present *(gift)*

prezerwatywa condom

Prezes Rady Ministrów Prime Minister

prędkość speed

problem problem

profesor professor

prognoza pogody weather forecast

program programme

programista computer programmer

prom ferry

prom samochodowy car ferry

prosić (poprosić) to ask (to ask to do sth)

prosimy... we'd like to ... please

prosto straight on

proszek do prania soap powder; washing powder

proszę please

prośba request

protestant Protestant

proteza dentures

prowadzić samochód to drive a car

próbka sample

próbować (spróbować) to try

prysznic shower

prywatny private

przebicie dętki puncture

przechodzić (przejść) to cross

przechowalnia bagażu left-luggage

przeciąg draught *(of air)*

przeciekać to leak

przeciwieństwo the opposite

przeciwko against *(opposed to)*

przeciwny reverse

przed before; in front of

przed południem a.m.

przedłużacz extension *(electrical)*

przedsiębiorca/kobieta interesu businessman/businesswoman

przedstawiać (przedstawić) to introduce

przedstawić się to introduce oneself

przedstawienie performance

przedszkole nursery school; pre-school

przedział compartment *(train)*

przejazd kolejowy level crossing

przejście aisle *(in theatre, supermarket, on plane)*

przejście dla pieszych pedestrian crossing

przejście podziemne underpass

przejść przez kontrolę to check in

przekąska snack

przekłuwać (przekłuć) to burst *(bag, balloon etc)*

przekręcać (przekręcić) to twist

przekroczenie dozwolonej prędkości speeding

przełęcz górska mountain pass

przenosić (przenieść) to bring

przepis recipe

przepraszać (przeprosić) to apologize

przepraszam! excuse me!

przepraszam, nic dosłyszałem? pardon, what did you say?

przeprawa crossing *(voyage)*

przerwa break; interval

przesiadać (przesiąść) się to change *(trains, buses etc)*

przesiewać (przesiać) to sieve

przestępstwo crime

prześcieradło sheet *(linen)*

prześwietlenie x-ray

przetwarzać (przetworzyć) to recycle

przewodnik guidebook

przewracać (przewrócić) to knock down

przez across; through; via; by

przy by *(close to, beside)*

przeziębienie cold *(illness)*

przezroczysty clear *(glass, plastic, water)*

przeżyć to survive

przód front

przybliżony approximate

przybory toaletowe toiletries

przychodnia clinic; surgery *(doctor, dentist)*

przychylność favour

przycisk button *(on machine)*

przyczepa caravan; trailer

przygotowywać (przygotować) to prepare; to get ready

przyjaciel friend *(best friend)*

przyjazd arrival *(train)*

przyjemny enjoyable; pleasant

przyjeżdżać/przylecieć to arrive *(train/plain)*

przyjęcie party *(social event)*

przyjęcie urodzinowe birthday party

przyjmować to accept

czy przyjmują Państwo karty kredytowe? do you accept credit cards?

przyjść/przyjechać to come *(on foot/by transport)*

przykrywać (przykryć) coś (czymś) to cover sth (with sth)

przylot arrival *(flight)*

przyłączać (przyłączyć) się to join in

przymierzać (przymierzyć) to try on

przymierzalnia changing room; fitting room

przynajmniej at least

przynosić (przynieść) to fetch

przypadkowo accidentally

przypalać (przypalić) to burn *(toast, rice)*

przypływ high tide

przyprawa spice

przyrodni brat stepbrother

przystań harbour

przystanek autobusowy bus stop

przystawki starters

przystojny handsome

przyszłość future

przyszły next week, month

przytulny cosy

pszczoła bee

ptak bird

publiczny public

pudełko box

puder powder

pukanie knocking *(on door)*

pulower pullover; jumper

punkt point

puree ziemniaczane mashed potato

pusty empty

puszka can; tin

pył dust

pyszny delicious

pytać (zapytać) o drogę to ask for directions

pytanie query; question

Q

quiz quiz

R

rabat discount

rabunek robbery

rachunek bill

radio radio
radio cyfrowe digital radio
radzić (poradzić) komuś coś zrobić to advise sb to do sth
rajstopy tights
rak cancer *(illness)*
rakieta racket *(tennis, etc.)*
rama frame *(picture)*
ramię arm
ranić (zranić) to injure
ranny injured
rano morning
tego ranka this morning
ratować (uratować) to save *(person)*
ratownik lifeguard; paramedic
ratunek rescue
ratunku! help!
ratusz town hall
raz once
razem together
razem z... together with
recepcjonista receptionist
recepta prescription
reflektor headlight
refundować (zrefundować) to refund *(money)*
region Morza Śródziemnego Mediterranean
region district; region
regionalny local
rejestracja registration
rejs boat trip; cruise
reklama advertisement
reklamacja complaint *(about a purchase)*
reklamówka carrier bag
rekordowy record *(sales, profits, levels)*
remiza strażacka fire station
restauracja restaurant
reszta rest *(remainder)*; change *(money returned)*
rezerwować (zarezerwować) to book; to reserve
ręcznik towel
ręka hand
rękawiczka glove
robak maggot
robić to do

robić (zrobić) to make
robić (zrobić) kopię czegoś to make a copy of sth
robić (zrobić) na drutach to knit
robić (zrobić) sobie prześwietlenie to have an X-ray
robić (zrobić) zakłady na to bet on *(horse, result)*
robić (zrobić) zdjęcie komuś/czemuś to take a photograph of sb/sth
roboty drogowe roadworks
rocznica anniversary
rodzić (urodzić) się to be born
rodzaj sort
rodzice parents
rodzina family
rok year
co roku every year
tego roku this year
rolka papieru toaletowego toilet roll
rolnik farmer
romantyczny romantic
rondel saucepan
rondo roundabout
rower bike *(bicycle)*
rower górski mountain bike
roślina plant
rozbierać (rozebrać) się to undress
rozkład jazdy timetable
rozlewać (rozlać) to spill
rozładowany flat *(battery)*
rozmawiać to talk
rozmiar size
rozmowa kwalifikacyjna interview
rozmowa na koszt rozmówcy reverse-charge call
rozmowa telefoniczna phone call
rozmówki phrase book
rozpakowywać (rozpakować) to unpack *(suitcase, bag)*
rozpoznawać (rozpoznać) to recognize
rozsądny sensible
rozumieć to understand
rozwiedziony divorced

rozwijać (rozwinąć) to develop
rozwolnienie diarrhoea
róg horn
rów ditch
równy equal
róża rose
różny different; varied
różowy pink
ruch uliczny traffic
ruchome schody escalator
ruina ruin
rura pipe *(for water, gas)*
ruszać (ruszyć) to move
ruszt grill
ryba fish
rybak fisherman
rynek; targ market
rysować (narysować) to draw
rysunek drawing
ryż rice
rzadki rare
rząd line *(of people, things)*
rzecz item; thing
rzeczy do prania washing
rzeka river
rzeźba sculpture
rzeźnik butcher's
rzęsa eyelash

S

sala gimnastyczna gym; hall
sala koncertowa concert hall
salami salami
salon lounge
sałata lettuce
sałatka salad
sam alone
samochód car
samochodem by car
samochód kombi estate car
samochodowy fotelik dla dziecka booster seat
samolot aeroplane; airplane
samoobsługa self-service
sandał sandal
sanie sledge
satelita satellite

sąsiad neighbour
scena stage
schody stairs
schronienie shelter *(building)*
schronisko hostel
schronisko młodzieżowe youth hostel
scyzoryk penknife
sekretarz secretary
ser cheese
serce heart
serwetka napkin; serviette
sędzia judge
siadać (usiąść) to sit down
siatkówka volleyball
sieć net
siekiera axe
sierpień August
silnik engine; motor
silny strong
siła strength
siniak bruise
siodełko saddle *(bike)*
siodło saddle *(horse)*
siostra sister
siostrzenica niece *(sister's daughter)*
siostrzeniec nephew *(sister's son)*
skakać (skoczyć) to jump
skakać (skoczyć) do wody to dive
skaleczyć się to cut oneself
skarpety socks
skąd? where from?
sklep shop; store
sklep fotograficzny camera shop
sklep jubilerski jeweller's
sklep monopolowy off-licence
sklep obuwniczy shoe shop
sklep spozywczy food shop; grocer's
sklep tytoniowy tobacconist's *(shop)*
sklep warzywny greengrocer's
składać (złożyć) zamówienie to order *(in restaurant)*
składnik ingredient
skontaktować się to contact
skorupa shell *(snail, crab)*
skóra leather; skin
skórka peel

skręcać (skręcić) to turn
skrót abbreviation; short cut
skrzydło wing
skrzynka na listy postbox
skrzynka pocztowa letterbox
skrzyżowanie crossroads; junction
 (of roads)
skurcz cramp
slipy underpants
słaby weak
słodki sweet (not savoury)
słoik jar
słoma straw
słony salty
słońce sun
słownik dictionary
słowo word
słuchawka receiver
słuchawki headphones
służbowo on business
słyszeć to hear
smacznego! enjoy your meal!
smak flavour; taste

smażony fried
smażyć (usmażyć) to fry
spać to sleep
smoczek dummy (for baby)
sms SMS message
smutny sad
sobota Saturday
soczewka lens (of spectacles)
sofa settee
sok juice
sok pomarańczowy orange juice
sos sauce (savoury)
sól salt
spalać (spalić) to burn (fuel)
spam spam (email)
sparaliżowany paralysed
specjalista expert
specjalność speciality
specjalny special
spędzać to spend (time/money)
spieszyć się to hurry
spodek saucer
spodnie trousers
spoglądać (spojrzeć) to look at

sport sport
sportowiec/sportsmenka
 sportsman/sportswoman
sposób way (method)
spotkać; poznać to meet
spotkanie meeting
spożyć przed... use by...
spódnica skirt
sprawdzić to check
sprawiedliwy fair
sprawozdanie report
sprzątacz cleaner (person)
sprzedawać (sprzedać) to sell
sprzedawca shop assistant (male)
sprzedawczyni shop assistant
 (female)
sprzęt equipment
spuchnięty swollen
squash squash (sport)
srebro silver
stacja benzynowa petrol station;
 garage
stadion stadium
stal steel
stanik bra
stanowisko check-in desk
Stany Zjednoczone United States
start takeoff
stary old
statek craft
staw joint (body)
stawać (stać) się to become
stawać (stać) w kolejce po coś
 to queue
stek steak
steward steward
stewardesa stewardess
stodoła barn
stolica capital (city)
stopa foot
stosunki relationship; relations
stół table
strajkować (zastrajkować) to strike
 (workers)
straż pożarna fire brigade
strażak fireman
strażnik security guard

strażnik straży przybrzeżnej coastguard
strefa zone
stromy steep
strona page; side
strumień stream
strzykawka syringe
strzyżenie haircut
student student *(university)*
studzienka ściekowa drain
styczeń January
sucha dry
sufit ceiling
sugerować (zasugerować) to suggest
suknia/sukienka dress
suma sum
supermarket supermarket
surfować to surf
surowy raw
susza drought
suszarka dryer
suszarka do ubrań tumble dryer
suszarka do włosów hairdryer
suszyć (wysuszyć) to blow-dry; to dry
swędzący itchy
swędzić (zaswędzić) to itch
sweter jumper; sweater
sygnał dialling tone
sylwester New Year's Eve
syn son
synagoga synagogue
synowa daughter-in-law
syntezator keyboards
sypialnia bedroom
szafa wardrobe
szafka cupboard; locker
szalik scarf
szalony mad
szampan champagne
szampon shampoo
szanowny panie/szanowna pani dear *(in letter)*
szary grey
szatnia cloakroom
szczegół detail

szczegółowy detailed
szczeknięcie bark *(of dog)*
szczepić (zaszczepić) kogoś to vaccinate
szczęka jaw
szczęście luck
Szczęśliwego Nowego Roku! Happy New Year!
szczęśliwy lucky
szczoteczka do zębów toothbrush
szczotka brush *(for hair)*
szczotka do włosów hairbrush
szczur rat
szczyt peak; top *(mountain)*
szef boss
szef kuchni chef
szeregowiec terrace; private *(army)*
szeroki wide
szerokość width
szklanka glass
szklanka wody a drink of water
szkła/soczewki kontaktowe contact lenses
szkło powiększające magnifying glass
Szkocja Scotland
szkocki Scottish
szkoda damage
szkoda! what a pity!
szkoła school
Szkot Scot *(man)*
Szkotka Scot *(woman)*
szlafrok dressing gown
szlak route
szminka lipstick
sznurek string
sznurowadło shoelace
szok shock
szorstki rough *(surface)*
szopa hut *(shed)*
szorty shorts
szparag asparagus
szpilka pin
szpinak spinach
szpital hospital
sztućce cutlery
sztuczny artificial; false

sztuka art; play *(theatre)*
sztuka ludowa folk art
szuflada drawer
szukać to look for
szwagier brother-in-law
szwagierka sister-in-law
Szwajcaria Switzerland
szwajcarski Swiss
szyba przednia windscreen
szyberdach sun roof
szybki fast; quick
szybko quickly
szyfr code
szyja neck
szynka ham

Ś

ściana wall
ściągać (ściągnąć) to download
ścieg stitch
ścieżka footpath
ścierka do naczyń tea towel
ściskać (ścisnąć) to clutch; squeeze
śliwka plum
ślub wedding
śmieci rubbish
śmieć litter
śmierdzieć to stink
śmiertelny terminal; fatal
śmieszny funny *(amusing)*
śmietanka cream *(dairy cream)*
śmietnik dustbin
śniadanie breakfast
śnieg snow
pada śnieg it's snowing
śnieżka snowball
śpiewać (zaśpiewać) to sing
śpiwór sleeping bag
średni medium
średnia average
środa Wednesday
środek middle
środek czyszczący detergent
środek dezynfekujący disinfectant
środek odkażający antiseptic
środek odstraszający owady
  insect repellent

środek przeciwbólowy pain killer
środek znieczulający anaesthetic
środki antykoncepcyjne
  contraceptives
środki bezpieczeństwa security
śródmieście centre of town
śruba screw
świadectwo certificate
świat world
światła uliczne traffic lights
światło light *(daylight)*
świeczka candle
świetnie! great!
świeży fresh
święto państwowe public holiday
święty saint
świnia pig
świnka mumps *(med)*
świt dawn

T

tabletka tablet
tabletka nasenna sleeping pill
tablica ogłoszeniowa noticeboard
tablica rejestracyjna number plate
tabliczka bar *(of chocolate)*
taca tray
tak yes
taki sam same
taksówka cab; taxi
talerz plate
talia waist
tam there
tama dam
tampon tampon
tańczyć (zatańczyć) z kimś
  to dance with sb
tani cheap
taniec dance
tarcza dial
taśma tape *(cassette)*
taśma klejąca Sellotape®
te these
te dni these days
teatr theatre
teczka briefcase
tekst text

telefon telephone
telefon komórkowy/komórka
  mobile phone
telefon stacjonarny landline phone
telefonista operator
telewizja satelitarna satellite television
telewizor television
temperatura temperature
temu ago
dwa dni temu 2 days ago
ten *m,* **ta** *f,* **to** *n,* that; this one
ten dom this house
to mój dom that's my house
tenis tennis
tenisista tennis player
teraz now
teren land
terminarz diary
termometr thermometer
termos flask
test test
teściowa mother-in-law
teść father-in-law
też also
tępy blunt
tęskniący za domem homesick
tkanina cloth; fabric
tlen oxygen
tłum crowd
tłumacz interpreter
tłumaczenie translation
tłumaczyć (przetłumaczyć)
  to translate; interpret
tłusty greasy *(food)*
to it
toaleta toilet
toaleta damska Ladies *(toilet)*
toaleta męska Gents *(toilet)*
tonik tonic water
topić (stopić) się to melt
tor wyścigowy racecourse
torba bag
torebka handbag
tost toast
towarzyszyć to accompany
tracić (stracić) ważność to expire
tradycyjny traditional

tragarz porter *(on train)*
tramwaj tram
tratwa raft
trawa grass
trener trainer; coach
trochę a bit of; a little
trucizna poison
trudny difficult; tough *(difficult)*
truskawka strawberry
trwała perm
trybuna stand
trzeci third
trzeźwy sober
trzęsienie ziemi earthquake
trzymać to hold
(za)trzymać to keep
T-shirt T-shirt
turkusowy turquoise *(colour)*
turysta tourist
turystyka tourism
turystyka górska hill-walking
tusz do rzęs mascara
tutaj here
tuzin dozen
twardy tough *(meat)*;hard
twardy dysk hard disk
twarz face
twój; twoja your *(informal, sing, m/f)*
ty; wy you *(informal, sing/pl)*
tydzień week
tygodniowy weekly
tynk plaster *(for walls, ceilings)*
typ type
tytoń tobacco

U
ubezpieczać (ubezpieczyć) to insure
ubezpieczenie insurance
ubierać (ubrać) się to dress, get
  dressed
ubranie sportowe sportswear
ucho ear
ucieczka escape
ucierać (utrzeć) to grate *(food)*
uczeń student *(school)*
uczciwy honest
uczulenie allergy

uczyć (nauczyć) to teach
uczyć (nauczyć) się to learn
udar stroke *(medical)*
uderzać (uderzyć) to hit
udo thigh
ukończony complete *(finished)*
ukraść coś to steal something
ukrywać (ukryć) to hide
ulga/ulgowy concession/
  with concession
ulica street
ulubiony favourite
ułatwienia facilities
umieć... to be able to...
umieć coś zrobić to be able to do sth
umiejętność (zrobienia czegoś)
  ability *(to do sth)*
umierać (umrzeć) to die
umowa contract
umówić się to make an appointment
umywalka washbasin
Unia Europejska European Union
unieruchomiony jammed
  (mechanism, machine)
unikać (uniknąć) to avoid *(obstacles)*
uniwersytet university
upadać (upaść) to fall over
upadły fallen
upominki gifts
uporządkowany tidy
uprzejmy kind *(nice)*
urlop vacation; holiday
uroczy lovely
urodziny birthday
Wszystkiego najlepszego! Happy
  Birthday
USA USA
usta mouth
usuwać (usunąć) remove
uszkadzać (uszkodzić) to harm
  (injure)
uszkodzony damaged
uśmiech smile
utopić się to drown
uwaga attention
uważać regard; consider
uzyskiwać (uzyskać) to obtain

użądlenie sting
używać to use
używany second-hand

V
VAT VAT

W
w at *(position, time, age)*; in *(place)*
w domu at home
w nocy at night
w bok sideways
w ciąży pregnant
w dobrej formie fit
w niedalekiej przyszłości in the
  near future
w pasy striped
w piątek on Friday
w porządku all right *(okay)*
w porządku; dobrze OK
w średnim wieku middle-aged
w środku inside
w tym including
waga scales *(weighing)*; weight
wagon carriage
wagonik kolejki linowej cable car
wakacje vacation
wakat vacancy *(job)*
Walia Wales
walijski Welsh
walizka case *(suitcase)*
walka fight
walki byków bullfighting
waluta currency
wał bank *(of earth)*
wanna bath *(tub)*
warga lip
warsztat samochodowy garage
  (for car repairs)
wartość value; worth
warto (to) zrobić it's worth it
wata cotton wool
wazon vase
ważny important; valid
wąski narrow
wątroba liver
wąż snake

wchodzić (wejść) na pokład to board *(ship, train, plane)*
wczesny early
wcześniejszy earlier
wczoraj yesterday
wdowa widow
wdowiec widower
weekend weekend
w ten/następny/poprzedni weekend this/next/last weekend
wegetariański vegetarian
wejście entrance *(foot)*; way in *(on foot)*
wełna wool
wesołe miasteczko funfair
Wesołych Świąt! Merry Christmas!
weterynarz veterinary surgeon
wewnątrz indoors
wędka fishing rod
wędliny cold meats
weganin vegan
węgiel coal
węgiel drzewny charcoal
węzeł knot
whisky whisky
wiadomość message
wiadomości news *(TV, radio, etc.)*
wiadro bucket
wiatr wind
wiatrak fan *(electric)*
widelec fork
wideo video
kaseta wideo video *(cassette)*
widok view
widoki sights *(views to look at)*
widownia audience
widzieć (zobaczyć) to see
wiecznie forever
wieczór evening
dziś wieczorem this evening
jutro/wczoraj wieczorem tomorrow/yesterday evening
wieczorem in the evening
wiedzieć to know
wiek age; century
wieko lid
Wielka Brytania Great Britain
Wielkanoc Easter

wielki great *(large)*
wiertarka drill
wieszak coat hanger
wieś village; country *(countryside)*
wieża tower
wieża strzelista steeple
więcej more
więcej niż dwadzieścia more than 20
większość most
większość z tego/nich most of it/ them
większy bigger; larger
więzienie prison
Wigilia Bożego Narodzenia Christmas Eve
wilgotny damp
wina fault
to moja wina it's my fault
winda elevator; lift
winiarnia wine bar
winnica vineyard
wino wine
winogrono grape
wiosło oar; paddle
wiosłować (powiosłować) to row *(boat)*
w rzędzie in a row
wiosna spring
wioślarstwo rowing
wirus virus
wirus HIV HIV
witaj!/witajcie! welcome! *(singular/plural)*
witamina vitamin
witryna internetowa website
wiza visa
wiza wjazdowa entry visa
wizyta appointment
wizytówka card *(business)*
wjazd entrance *(on transport)*
wkrótce soon
wlewać (wlać) to pour
władza power *(control)*
włamać się to break into
włamywacz burglar
właściciel landlord; owner

185

właścicielka landlady
właśnie (tak) it's just right
włączać (włączyć) to plug in
włączyć to switch on
Włoch Italian *(person)*
Włochy Italy
włoski Italian *(language)*
włosy hair
wnuczka granddaughter
wnuk grandson
woda water
woda mineralna mineral water
woda pitna drinking water
wodorosty seaweed
wodospad waterfall
wojna war
woleć to prefer
wolne miejsce free seat
wolnocłowy duty-free
wolny available; free; spare; vacant
(po)wolny slow
wolny czas spare time
wolny pokój vacancy *(hotel)*
wolty volts
wołowina beef
wódka vodka
wóz strażacki fire engine
wózek pushchair; trolley
wózek bagażowy luggage trolley
wózek inwalidzki wheelchair
wpadać (wpaść) w poślizg to skid
wpłata deposit
wpuszczać (wpuścić) to admit
  (to place, area)
wracać (wrócić) do to come *(return)*
wrotki roller skates
wrzesień September
wrzód ulcer
wschód east
wschód słońca sunrise
wsiadać (wsiąść) to get on *(transport)*
wspinać (wspiąć) się na to climb
wspinaczka climbing
wspinaczka wysokogórska
  mountaineering
współczesny modern
wstęp entrance fee

wstęp wolny admission fee
wstępować (wstąpić) do to join
  (become member of)
wstrząsać (wstrząsnąć) to shake
  (bottle)
wszędzie everywhere
wszyscy everybody
wszystkiego najlepszego z okazji
  urodzin! happy birthday!
wszystko all; everything
wścieklizna rabies
wtorek Tuesday
wujek uncle
wulkan volcano
wybierać (wybrać) to pick *(choose)*
wybielacz bleach
wybrzeże coast
wybuch explosion
wychodzić (wyjść) to leave *(on foot)*
wyciąg krzesełkowy chair lift
wycieczka excursion; tour; trip
wycieczka autokarowa coach trip
wycieczka piesza walking trip
wycieczka z przewod nikiem
  guided tour
wycieczki piesze hiking
wycieraczka windscreen wiper
wydarzać (wydarzyć) się to happen
wydruk printout
wygrywać (wygrać) to win
wyjaśniać (wyjaśnić) to explain
wyjeżdżać (wyjechać) to leave *(by
  transport)*
wyjście exit *(foot)*; gate *(airport)*
wyjazd exit *(on transport)*
wykładzina carpet *(fitted)*
wykonany ręcznie handmade
wyłączać (wyłączyć) to switch off
wyłączać (wyłączyć) z sieci
  unplug
wyłączony off *(not turned on)*
wymawiać (wymówić) to pronounce
wymieniać (wymienić) to exchange
wymienić pieniądze to change
  money
wymiotować (zwymiotować) to be
  sick; to vomit

wynajmować (wynająć) to hire *(car, equipment, hall;)* to let *(hire, rent)*; to rent out
do wynajęcia for hire; to rent
wynajem samochodów car rental
wynik score
wypadek accident; crash
wypłata wage; salary
wyprzedaż sale
wyprzedzać (wyprzedzić) to overtake
wyroby artystyczne handicrafts
wyrwać ząb to take out *(tooth)*
wyschnięty dry
wysiadać (wysiąść) to get off
wysoki high; tall
wysokość height
wyspa island
wystarczy, dziękuję that's enough, thanks
wystawa exhibition; window shop
wysyłać (wysłać) to send
wysyłać (wysłać) pocztą to post
wysypka rash *(skin)*
wyszukiwarka search engine
wyścig race
wyścigi konne horse racing
wzburzony rough *(sea)*
wzgórze hill
wzrost increase

Z

z from; of
z Londynu do Glasgow from London to Glasgow
z; ze with
z beczki draught beer
z polaru fleece
z przodu forward; in front
z wyprzedzeniem in advance
z wyżywieniem we własnym zakresie self-catering
za behind; too
za drogo too expensive
za granicą abroad
zabawa fun
zabawiać (zabawić) to entertain

zabawka toy
zabijać (zabić) to kill
zabłocony muddy
zabrać (wziąć) to take
zabroniony forbidden
zabytki historical sights
zachód west
zachód słońca sunset
zaczynać (zacząć) to begin; to start
zadanie domowe homework
zadawać (zadać) (komuś) pytanie to ask *(a question)*
zadowolony happy; satisfied; pleased
zaginiony missing
zagubiony lost
zajazd country inn
zakaźny infectious
zakazywać (zakazać) to prohibit
zajęte engaged *(the line)*
zajęty busy; occupied
zakład bet
zakłócać (zakłócić) to disturb
zakręt turn
zakrzepica thrombosis
zakupy shopping
iść/chodzić (pójść) na zakupy to go shopping
zakwaterowanie accommodation
zakwaterowanie ze śniadaniem bed and breakfast
załamanie nerwowe nervous breakdown
załatwiać (załatwić) to arrange
zamawiać (zamówić) to order
zamek castle; lock *(of door)*
zamek błyskawiczny zip
zamiar intention
zamiast... instead of
zamieniać (zamienić) coś (na coś) to exchange sth (for sth)
zamknięte closed
zamrażarka freezer
zamsz suede
zamykać (zamknąć) to close; to shut
zanieczyszczony polluted
zapalenie migdałków tonsillitis
zapalenie oskrzeli bronchitis

zapalenie płuc pneumonia
zapalenie wyrostka robaczkowego appendicitis
zapalić się to catch fire
zapalniczka lighter *(cigarette)*
zapałki matches
zapchany jammed *(roads)*
zapewniać (zapewnić) to provide
zapewnienie guarantee
zaplombować to fill in *(tooth)*
zaprosić to invite
zaproszenie invitation
zarabiać (zarobić) to earn
zardzewiały rusty
zarządzać to manage
zasłona curtain
zastrzyk injection
zatłoczony crowded
zatoka bay
zatrucie pokarmowe food poisoning
zatrzymywać (zatrzymać) to hold *(delay)*
zatrzymywać (zatrzymać) się pull up *(stop vehicle)*; to stop
zatwardzenie constipation
zawiadomienie notice *(warning)*
zawierać (zawrzeć) to hold *(contain)*
zawieszenie suspension *(of car)*
zawijać (zawinąć) to wrap
zawołać to call
zawód occupation
zawracać (zawrócić) to turn around
zazdrosny jealous; envious
zazwyczaj usually
zażalenie complaint *(about a service)*
ząb tooth
zbierać (zebrać) to collect; to pick *(gather)*
zbiornik tank *(petrol, water)*
zdać to pass *(exam, test)*
zdawać (zdać) sobie sprawę z to realize
zdążyć na... to catch *(train)*
zderzak bumper
zdjęcie photograph; picture *(photograph)*
zdolność ability *(talent, skill)*

zdrowie health
zdrowieć (wyzdrowieć) to recover
zdrowy healthy
zegar clock
zegarek watch *(wrist)*
zemdleć to faint
zepsuty broken; rotten *(food)*
to jest zepsute it's broken
zero zero
zestaw dnia set menu
zestaw stereo stereo
zezwolenie licence; permit
zgadzać się (zgodzić się) to agree
zginać (zgiąć) to fold
zginać (zgiąć) (się) to bend *(leg, arm, bar, wire)*
zgłaszać (zgłosić) to declare *(at customs)*
zgubić się to get lost
zielony green
ziemia earth *(soil)*
ziemniaki potatoes
ziewać (ziewnąć) to yawn
zięć son-in-law
zima winter
zimny cold
Zjednoczone Królestwo United Kingdom
zlew sink
złamanie fracture
złodziej thief
złota rybka goldfish
złoto gold .
zły angry; bad
zmarły dead *(person)*
zmęczony tired
zmieniać (zmienić) to change *(change clothes)*
zmienny changeable
zmniejszać (zmniejszyć) to reduce
zmywarka do naczyń dishwasher
znaczki stamps
znaczyć to mean
znać to know *(person, place, subject)*
znajdować (znaleźć) to find
znak mark; sign
znak drogowy road sign; signpost

znany famous
znieczulenie miejscowe local anaesthetic
znieczulenie ogólne general anaesthetic
znikać (zniknąć) to disappear
zniżka reduction
zniżkowa karta kolejowa railcard
znosić (znieść) to abolish
znowu again
zoo zoo
zostawać (zostać) to remain *(stay)*
zostawić to leave *(something behind)*
zrozpaczony heartbroken
zszywać (zszyć) coś to sew
zupa soup
zupełny complete *(total)*
zwichnięcie sprain
zwiedzać (zwiedzić) to visit *(sights)*
zwiedzanie sightseeing
zwierzę animal; pet
zwracać (zwrócić) to return *(something)*
zwrot pieniędzy refund
zwykły second-class; usual
jak zwykle as usual

Ź

źle badly

Ż

żaba frog
żaden any
żaglówka sailing boat
żakiet/marynarka jacket *(for man/woman)*
żarówka light bulb
żart joke
żebro rib
żeglować to sail
żel do włosów hair gel
żelazko iron *(for clothes)*
żelazo iron *(metal)*
żłobek crèche
żołądek stomach
boli mnie żołądek I've got stomach ache
żołnierz soldier
żółty yellow
żona wife
żonaty married man
żyd Jew
żydowski Jewish
żyletka razor blade
żyła vein
żyto rye

Further titles in Collins' phrasebook range
Collins Gem Phrasebook

Also available as **Phrasebook CD Pack**

Other titles in the series

Afrikaans
Arabic
Cantonese
Croatian
Czech
Dutch
Italian

Japanese
Korean
Latin American
 Spanish
Mandarin
Polish
Portuguese

Russian
Thai
Turkish
Vietnamese
Xhosa
Zulu

Collins Phrasebook and Dictionary

Other titles in the series
Greek Japanese Mandarin Polish Portuguese Spanish Turkish

Collins Easy: Photo Phrasebook

Also available as
**Phrasebook
CD Pack**

**Other titles
in the series**
Easy French
Easy Greek
Easy Italian

To order any of these titles, please telephone 0870 787 1732.
For further information about all Collins books, visit our website:
www.collins.co.uk